작은 씨앗네
우리집은 행복한학교

혜미, 율미, 소미랑 재밌게 놀면서 배우는 성경 이야기

이은경 지음

생명의말씀사

우리집은 행복한 학교

ⓒ 생명의말씀사 2007

2007년 12월 18일 1판 1쇄 발행
2014년 9월 25일   3쇄 발행

펴낸이 | 김재권
펴낸곳 | 생명의말씀사

등록 | 1962. 1. 10. No.300-1962-1
주소 | 서울시 종로구 경희궁1길 5-9(110-062)
전화 | 02)738-6555(본사)·02)3159-7979(영업)
팩스 | 02)739-3824(본사)·080-022-8585(영업)

지은이 | 이은경

기획편집 | 유선영, 문효진
디자인 | 김혜진, 안은주
인쇄 | 영진문원
제본 | 정문바인텍

ISBN 978-89-04-12132-8 (03230)

저작권자의 허락없이 이 책의 일부 또는 전체를
무단 복제, 전재, 발췌하면 저작권법에 의해 처벌을 받습니다.

작은씨앗네

우리집은 행복한학교

이은경 지음

우리집은 행복한 학교예요!

Prologue

아빠와 프랑스, 그리고 작은씨앗

혜미, 율미, 소미의 아빠는 불어처럼 호기심 많고, 따지기를 좋아해요. 프랑스 사람처럼 웃기고요. 샹송처럼 부드럽기도하고 와인처럼 복잡하기도 해요. 작은씨앗과는 오랜 친구이자, 지지자이기도 하지요. 작은씨앗은 성경 읽기, 요리하기, 좋은 그림이 있는 동화책 읽어주기, 피아노 치며 노래하기를 행복해 하지요. 세 딸과의 홈스쿨링은 그 중에서도 작은씨앗이 가장 사랑하는 시간이랍니다.

혜미, 율미, 소미

혜미, 율미, 소미는 프랑스에서 태어났어요. 혜미는 쏜강(la Saone), 율미는 론강(le Rhone), 소미는 센강(la Seine) 주변에 살 때 태어났지요. 일곱 살 혜미는 파랑색을 좋아하고, 후라이드 치킨과 김치찌개를 좋아해요. 아빠를 닮아 영화 보는 것을 좋아해서 두 세 살적부터 긴 영화 한 편을 꼬박 다 보곤 했어요. 그중에서도 찰리 채플린 영화의 팬입니다.

여섯 살 율미는 보라색을 좋아하고, 버섯과 옥수수, 찌개 속에 있는 부드러운 호박을 좋아합니다. 노래 짓기를 좋아해서 벌써 중독성이 강한 십수편의 노래를 지어 부르고 다닙니다. 옥수수를 사모하는 마음으로 율미가 지은 노래 한 곡을 소개할까요.
"옥수수, 옥수수, 옥수수 밭에 옥수수, 몽파르나스가 다 먹어 버렸네~"
(몽파르나스는 저희가 살던 프랑스 파리의 동네 이름이자, 파리에서 두 번째로 높은 건물의 이름입니다.)

네 살 소미는 분홍색을 좋아하고, 뱃속에 있을 때부터 술이라곤 한 잔도 못하는 엄마를 몇 달간 닥달해서 포도주를 마시게 했던 이력이 있습니다. 태어나서 보니 다른 과일도 잘 먹지만 역시 포도, 포도주스, 심지어는 건포도까지 좋아하더군요.

그리고 그 분의 사랑

시편 127편 3절에 '자식은 여호와의 주신 기업이요 태의 열매는 그의 상급이로다' 라는 말씀이 있어요. 부모가 스스로 자식을 얻은 것이 아니라, 하나님께서 부모 된 이들에게 상급으로 자식을 주신 것이라고 하셨죠. 하나님께서 귀한 선물로 주신 자식, 어떻게 키워야할지 우리 부모들은 고민이 많습니다. 하지만 해답은 간명합니다. 하나님 말씀인 성경대로 키우면 됩니다. 그분이 진리고, 성경말씀이 길입니다.

이처럼 「성경 속에 모든 길이 있다」라는 생각에서 〈우리집은 행복한 학교〉가 시작됐습니다. 성경을 통해서 아이들이 수를 익히고, 언어를 따라하고, 과학을 배우고, 또 자연과 친구가 되도록 해주고 싶었습니다. 이번 책에서는 창세기 말씀을 아이들과 함께 읽으면서 말씀과 연계된 학습 방법을 소개했습니다. 어떤 날은 아이들이 직접 요셉이 되어 숨죽여 보기도 하고, 또 하루는 노아가 되어 보기도 하며 열심을 낼 수 있습니다. 그렇게 아이들은 성경 안의 그 시대로 들어갑니다. 이제 살아 있는 말씀의 인도를 기대하며 〈우리집은 행복한 학교〉 문을 함께 열어 보겠습니다.

Contents

프롤로그 》》 04
행복한 교실 풍경 》》 08
기획자 노트 》》 13

Genesis 01. 지구는 땅, 바다, 공기로 되어 있어요 》》 16
Genesis 02. 땅과 바다로 되어 있는 것들 》》 17
Genesis 03. 지구본과 세계지도 》》 18
Genesis 04. 엑스레이 사진을 이용한 그림 》》 19
Genesis 05. 내가 만약 아담이라면? 》》 22
Genesis 06. 밀가루 반죽으로 뱀 만들기 》》 24
Genesis 07. 뱀은 어떻게 먹이를 먹을까요? 》》 26
Genesis 08. 방주를 만들어요 》》 27
Genesis 09. 짝수, 홀수를 만들어요 》》 30
Genesis 10. 방주 아코디언 책 만들기 》》 33

Genesis 11. 무지개를 만들어요 》》 34
Genesis 12. 무지개 책 만들기 》》 35
Genesis 13. 비 오는 날 산책하기 》》 36
Genesis 14. 나무 관찰하기 》》 38
Genesis 15. 나무진을 먹는 장수풍뎅이 키우기 》》 39
Genesis 16. 나뭇잎 연상 그림 》》 42
Genesis 17. 단팥죽 만들기 》》 50
Genesis 18. 단팥 아이스바 / 단팥 얼음 》》 51
Genesis 19. 팥 키우기 》》 52
Genesis 20. 팥 심기 세 가지 실험 》》 55
Genesis 21. 콩을 이용하여 액자 만들기 》》 56

누구니, 누구니? 헤니?

6 ··· 우리집은 행복한 학교

Genesis 22. 호박 키우기 〉〉 57
Genesis 23. 감자 키우기 〉〉 60
Genesis 24. 작은 정원 만들기 〉〉 66
Genesis 25. 새 모이통 만들기 〉〉 68
Genesis 26. 새 부리가 되어 핀셋으로 옮겨 보기 〉〉 70
Genesis 27. 알책 만들기 〉〉 72
Genesis 28. 여러 종류의 새 알 관찰하기 〉〉 74
Genesis 29. 메추리 알을 찾아라 〉〉 77
Genesis 30. 껍질 빻기 놀이 〉〉 78
Genesis 31. 움직이는 새 만들기 〉〉 79

Genesis 32. 나무 막대로 오십 의인 수 세기 〉〉 80
Genesis 33. 호두 옮기기 〉〉 84
Genesis 34. 조개를 이용한 수 세기 놀이 〉〉 87
Genesis 35. 무교병 만들기 〉〉 90
Genesis 36. 모심기 〉〉 93
Genesis 37. 요셉 만들기 〉〉 94
Genesis 38. 키친타월을 이용한 요셉 꾸미기 〉〉 98
Genesis 39. 재미있는 물감놀이 〉〉 100

씨앗네 이웃들 〉〉 104

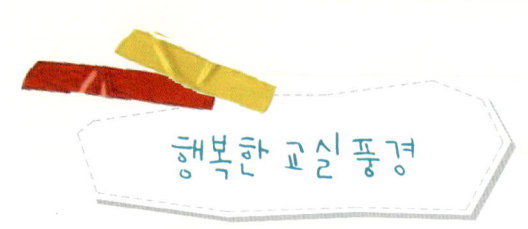

행복한 교실풍경

책장에 꽂는 꿈

작은씨앗네 책꽂이엔 이미 많은 책이 있습니다. 하지만 더 많은 책이 넘쳐났으면 좋겠습니다. 사락사락 책장 넘기는 소리가 우리 가족이 모인 저녁을 채웠으면 합니다. 아이들이 역사책을 읽고, 역사의 한켠을 꿈꾸고, 부모 된 우리가 동화책을 읽고 아이 같은 마음으로 감동을 나누고 싶습니다. 우주처럼 큰 아이들의 가능성에 더 큰 지식의 강물을 터 주는 부모가 되려는 소망을 담은 책장입니다.

거실은 연극무대

프랑스에 살던 시절 참 부러웠던 일이 있습니다. 남편의 친구 결혼식 뒤풀이 축제에 갔었는데, 아이들이 무대에 올라 즉흥극을 하더군요. 물론 내용이며, 연기며 어설프기 그지없었죠. 하지만 부끄러워하지 않고, 숨겨진 끼를 드러내 보이는 자신감과 참신함에 하객 모두 다 같이 환호한 것은 물론입니다. 그 무대가 어디든, 그 내용이 무엇이든 표현할 수 있는 토양에서 자란 아이들이 참 부러웠습니다.

즉흥극을 멋지게 해냈던 프랑스 아이들을 마냥 부러워할 이유가 없는 건지도 모릅니다. 사실 모든 아이들은 이미 타인을 이해하고, 연기할 준비가 되어 있거든요. 부모는 그저 무대를 펼쳐 놓기만 하면 됩니다. 수준의 고저가 중요하지 않습니다. 부모는 아이들이 뻗어나갈 수 있는 좋은 토양만 되어 주면 됩니다. 손뼉치고, 같이 즐거워하는 관객이 되어 주면 그게 또 양분이 됩니다. 그 다음부터 싹을 틔우고, 줄기를 뻗고, 열매를 여는 건 아이들의 몫입니다. 그러기에 따뜻한 거실은 아이들의 연극 무대로 안성맞춤입니다.

장난감 없애기

　작은씨앗네는 장난감이 없습니다. 장난감을 없애기로 마음먹은 후 망설임이 조금 있었습니다. 장난감이 없다면, 아이들은 뭘 하면서 지내게 될까? 지루해 하거나 심심해하진 않을까? 그래도 조금은 남겨 둬야 하지 않을까? 아이들이 아끼고, 잘 가지고 노는 건데 찾으면 어쩌지? 하지만 우리 부부의 생각은 그저 기우였어요. 아이들은 장난감 없이도 너무나 재미있게 놀더군요. 어떻게 그럴 수 있냐구요. 해답은 아이들 상상력에 있습니다. '다 만들어진' 장난감이 없어지자, 아이들은 '다 스스로 만들기' 시작했습니다. 그런 만큼 아이들 손이 몇 배로 바빠진 건 당연한 일이죠. 부모의 돈으로 산 장난감과 자신의 수고로 만든 놀잇감은 애정의 깊이가 다를 수밖에 없습니다. 놀잇감에 애정을 가지고, 스스로 만들기를 즐기는 동안 아이들은 그만큼의 성취감과 표현력 성장을 겪게 되겠지요.

　장난감을 없애고 나니 또 한 가지 좋은 점은 아이들이 책과 한걸음 더 가까워진다는 것입니다. 아이들이 책 읽는 습관을 가지길 바라는 건 부모들의 공통된 마음입니다. 하지만 많은 책을 사다준다고, 저절로 아이들이 책 읽는 습관을 가지는 건 아니겠죠. 책 읽기에 재미를 느끼도록 해주어야죠. 재미를 느끼면 못하게 말려도 아이들이 책을 읽습니다. 화려한 텔레비전 프로그램과 멋드러진 장난감이 있으면 딱딱한 인내가 필요한 책읽기의 빛은 바래기 쉽습니다. 무턱대고 텔레비전 보기가 나쁘다, 시중에서 파는 장난감이 좋지 않다는 뜻이 아닙니다. 금새 지나가 버리는 어린 시절, 두뇌활동이 하루가 다르게 자라는 우리 아이들에게 가장 좋은 것이 무엇인지 부모는 알고 있다는 뜻입니다.

베란다를 그림 그리기 공간으로

저희는 요일을 정해서 물감 놀이를 하고 있습니다. 아이들이 무척 기다리는 날이죠. 아이들은 물감으로 생각을 자유로이 그리고 싶어 합니다. 물감의 농담은 색연필이나 사인펜과 또 다른 자유로움을 안겨줍니다. 아이들은 마음대로 물감으로 그림을 그리는 과정에서 차츰 상상력이 커지고, 표현력이 자랍니다. 집안을 어지럽힐까 봐 이 과정을 못하게 하면 안 되는 이유가 바로 여기에 있습니다. 하지만 아이들이 원하는 대로 그리도록 그냥 두면 어쩔 수 없이 물감 떨어뜨리고, 사방에 발자국, 손자국까지 난장판이 되겠죠. 아이가 하고 싶은 대로 두고 싶은 게 부모의 마음이지만 뒤처리를 담당해야 하는 입장에선 고민이 아닐 수 없죠. 집 안 어디라도, 아무리 조심하더라도 그럴 수밖에 없을 거예요. 그래서 저희 집의 물감 놀이 공간은 바로 베란다예요. 물감을 마음껏 사용할 수 있고, 그로 인해 지저분해지더라도 청소하기가 수월하잖아요. 환하게 햇볕도 잘 들고, 그림이 마르기 좋도록 바람도 잘 통하지요.

물감놀이, 물감통, 그리고 물청소

헤프게 사용되어지는 물감을 아끼는 방법도 알려드릴게요. 저희는 작은 생수통을 물감통으로 사용합니다. 뚜껑도 있기 때문에 보관할 때 쏟거나 마르지 않아서 제 격이죠. 쓰고 남은 생수병에 물감을 풀어 넣고 각각의 물통에 붓을 하나씩 꽂아 놓고 씁니다. 물감놀이가 끝나면 붓만 모아서 세척 후 건조시키면 되기 때문에 일도 참 간단하게 끝난답니다. 그리고 바닥에 흐른 물감 자국들은 물청소로 마무리하면 되지요. 이 정도는 대여섯 살 아이들도 시켜 주면 말썽 안 피우고 즐거이 잘 해낸답니다. 물론 아예 안 피우는 건 아니지만요. 호호.

아이들 방 벽면은 작은 갤러리

작은씨앗네 아이들의 방 한 쪽 벽면엔 세 딸들의 작품을 액자에 넣어 붙여 놓았습니다. 아이들만의 작은 갤러리입니다. 아이들의 작품은 어느 것 하나 버릴 것이 없지만 이렇게 모아 놓고 보면 또 하나의 성장 일기입니다. 아이들 눈높이에 맞게 붙여 주고서 칭찬과 격려를 해 준다면

아이들은 신이 납니다. 이때 빼 먹으면 안 될 것은 날짜 기록입니다. 어느 때에 그런 작업을 했는지 그 다음 번 그림, 혹은 작업과 얼마나 차이가 나는지 부모도 알아야 하고, 아이 자신도 비교가 가능해야 합니다. 스스로 나아진 걸 발견하는 것은 또 다른 성취의 과정입니다.

작품을 보관하는 서랍

세 개의 서랍이 달린 서랍장은 아이들의 작품함입니다. 혜미, 율미, 소미는 하루 동안 작업한 작품들을 자신의 서랍 속에 넣습니다. 아이들이 잠든 사이 서랍을 열어 보며 아이들의 생각, 느낌, 표현을 함께 읽습니다. 그리고 스크랩할 것은 스크랩을 하고 하나씩 정리를 해 놓습니다. 그림 동화 짓기에 재미가 붙은 혜미는 많이 그리는 날엔 하루에 30장정도 그림을 그리는 것 같아요. 아이들마다 보고, 듣고, 느낀 것을 그려내고, 오려 붙이고, 상상하다가 잠이 들겠지요. 자신들이 언제나 꺼내 볼 수 있는 서랍의 꿈들을 꾸고 있을지도 모릅니다.

평상시에는 의자, 뚜껑을 열면 인형의 집

책을 읽을 때 사용하는 기다란 어린이 소파입니다. 소파를 위로 올리면 안쪽에 내용물을 담을 수 있는 공간이 있습니다. 그 안에는 아이들이 어릴 적부터 아껴오던 인형들이 담겨 있습니다. 장난감은 다 버렸지만 어릴 적부터 선물 받은 인형들은 다 두었습니다. 훗날 아이들도 나이 들어서 아들이든, 딸이든 생기겠지요. 그때는 더 좋은 품질의 더 예쁜 인형들이 많이 나와 있을 겁니다. 그래도 엄마가 젖먹이 때부터 침 묻혀가며 쓰던 인형을 안겨주면 참 좋아할 것 같습니다. 엄마의 나이만큼 같이 살아 온 인형이니까 잘 세탁했어도 세월의 흔적은 있을 겁니다. 3대째 내려오고 있는 다듬이와 우리 부모님이 우리 나이 때부터 쓰시던 골드스타 선풍기를 저희가 소중히 여기는 것처럼 우리 아이들의 아이들이 우리 아이들의 기억을 소중하게 공유했으면 참 좋겠습니다.

미술재료는 다양하고, 충분하게

아이들이 작업할 때 필요한 재료들을 마음껏 사용할 수 있도록 미술재료는 종류별로 준비해 둡니다. 여러 가지 색깔의 색상지, 사인펜, 물감, 두꺼운 도화지, 찍찍이와 여러 종류의 막대, 테이프 등을 항시 준비해 놓습니다. 색끈이나 선물 포장에 쓰인 끈들도 버리지 말고, 잘 말아놓으면 여러 면에서 요긴하

답니다. 그리고 물레방아 테이프도 참 좋아요. 작은씨앗네 아이들도 아장아장 걸어 다니기 시작할 때부터 가장 먼저 배운 활동이 테이프 뜯는 활동이 아니었나 싶습니다. 손잡이를 돌리면 적당히 잘라져 있는 테이프를 뜯어서 사용할 수 있으니 아이들에겐 아주 좋은 도구가 된답니다. 색연필이라 하더라도 여러 종류의 색연필이 있습니다. 깎아서 사용하는 색연필, 돌려서 사용하는 색연필, 종이를 풀어서 사용하는 색연필 등. 이름은 하나지만 모두 다른 느낌으로 작품을 표현할 수 있습니다. 아이들이 충분히 도구를 만지며 경험할 수 있도록 다양한 재료를 준비해 주는 것이 좋습니다. 요즘 한창 가위놀이에 재미가 들은 소미를 위해 모양가위를 준비해 주었습니다. 가위 오리기에 폭~ 빠져 있는 소미를 위한 모양가위입니다. 여러 모양의 가위를 사용해 오리면서 다양한 작품을 경험할 수 있습니다. 간혹 오려서는 안 될 것들도 오려놓기도 합니다. 자신의 머리카락이라든가, 아빠 엄마의 중요한 서류들 같은 것 말이죠. 당황스럽긴 하지만 잘 타일러 놓으면 아이들은 잘 알아듣는 답니다.

재활용품을 재활용

아이들은 여러 가지 재활용품을 통해 놀잇감을 만듭니다. 전화기가 필요하면 전화기도 만들고, 마이크가 필요하면 마이크도 만들지요. 대신 늘 한군데 정리해 두고, 어느 때가 되면 잘 정리해서 버릴 수 있도록 약속해 두면 집안도 어지럽히지 않는답니다.

기획자 노트

어느 날 웹 서핑을 하다 싸이월드에서 '이 달의 페이퍼'에 선정되었다는 작은 문구를 보고 '작은씨앗네 이야기'를 들여다본 순간, '와, 이것 좀 봐…' 하는 감탄사가 절로 나왔습니다. 올망졸망 귀여운 아이들의 행복하고 즐거운 표정이며, 엄마와 함께 하는 홈스쿨링의 현장이 그야말로 사랑스럽고 흥미로울 따름이었습니다. 아마도 이제 막 유아기에 접어든 제 아들 녀석 생각에 더 눈이 동그래졌는지 모르겠습니다.

저는 당장 블로그에 소개된 놀잇감 중 하나를 만들어 주었습니다. 분유통 뚜껑에 호두알만한 구멍을 뚫어 호두를 집어넣는 놀이였죠. 너무 간단하고 쉬운 이 장난감을 아이가 얼마나 한참동안 갖고 노는지… 정말 신기했습니다.

'작은씨앗네 이야기'를 더 둘러보다 편집실 식구들에게도 보여 주고 주변에 아이 엄마들에게도 소개해 보았습니다. 다들 감탄과 부러움을 감추지 못했습니다. 심지어 어떤 엄마는 자신이 '작은씨앗네' 딸이었으면 좋겠다고까지 했습니다. 어려서부터 기도하는 엄마의 정성어린 교육을 받고 자라는 혜미, 율미, 소미가 너무 부럽다면서요…

저는 이쯤에서 이은경 선생님을 만나 봐야겠다는 생각을 하게 되었지요. 마침 지인들로부터 출간 제안을 많이 받아왔던 선생님은 흔쾌히 출간을 허락해 주셨습니다. 선생님도 기도중이셨다니 그야말로 하나님께서 주선한 인연임이 분명했습니다.

용인에 예쁜 보금자리를 마련한 작은씨앗네를 찾아가 아이들의 천진하고 밝은 모습, 생생한 수업의 현장을 보면서 정말 책으로 잘 펴내야겠다는 결심이 섰지요. 그렇게 출간 준비를 시작한 것이 지난 4월이었습니다. 이은경 선생님의 소신대로 '성경에 모든 길이 있다'는 전제 아래 창세기부터 말씀을 소재로 한 수업 내용을 첫 책에 담았습니다.

저처럼 특히 첫 아이를 기르는 부모들에게는 그저 학습 도우미 정도가 아니라 어떻게 자녀를 하나님의 뜻대로 기르고 가르칠지를 배울 수 있는 좋은 길잡이가 될 거라 믿습니다. 공교롭게도 이 책의 저자와 기획편집을 맡은 저, 그리고 본문과 표지를 각각 디자인 한 디자이너 모두 비슷한 또래의 아이를 둔 엄마입니다. 무엇보다 같은 엄마의 심정을 담아 준비하였기에 더욱 보람 있고 의미 있는 작업이었고, 이 책을 만나는 모든 부모님과 자녀들에게도 귀한 헬퍼가 되기를 바라는 마음 간절합니다.

편집실에서 유선영.

우리집은 행복한 학교!

Genesis

우리집은
행복한
학교예요!

우리집으로
놀러 오세요!

작은씨앗네

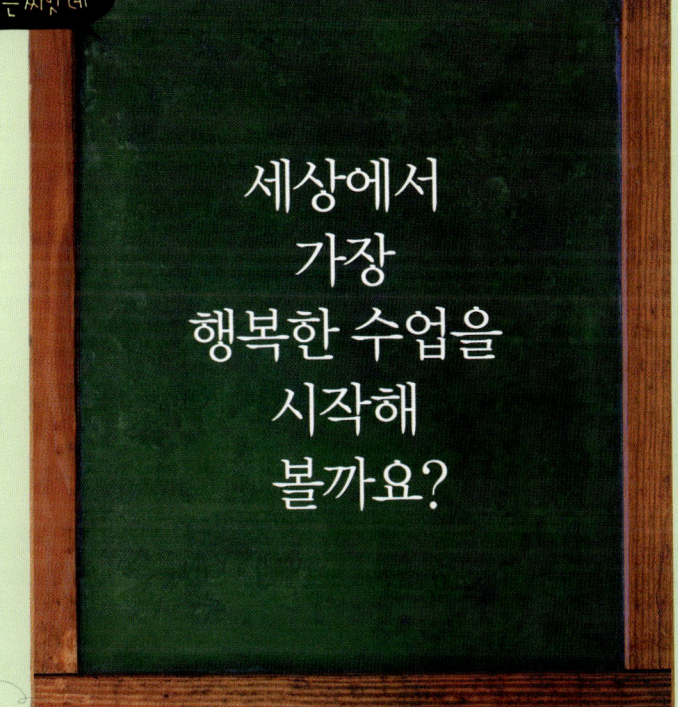

세상에서
가장
행복한 수업을
시작해
볼까요?

언니들과
즐겁게~
즐겁게~

Genesis 01

지구는 땅, 바다, 공기로 되어 있어요

| 태초에 하나님이 천지를 창조하시니라_ 창세기 1:1

준비물

투명한 빈 통 3개, 작은 동물 모형, 흙, 물

활동방법 :

1. 우리가 살고 있는 지구는 땅, 바다, 공기 세 가지로 만들어져 있다는 것을 이야기 나눕니다.
2. 투명한 빈 통에 흙을 담으며, 땅에 대해 설명합니다.
3. 투명한 빈 통에 물을 담으며, 바다에 대해 설명합니다.
4. 입김을 불어 통 속에 담은 후 공기에 대해 설명합니다.
5. 만약 지구에 땅, 바다, 공기가 없다면 어떻게 되는지 이야기합니다.
6. 동물 모형을 각각 사는 곳에 맞게 땅, 바다, 공기가 들어 있는 통에 넣습니다.
7. 땅, 바다, 공기를 주제로 콜라주를 만듭니다.

1

2

7

7

Genesis 02

땅과 바다로 되어 있는 것들

| 태초에 하나님이 천지를 창조하시니라_ 창세기 1:1

준비물

찰흙, 모형판(화원에서 구입한 플라스틱 모종판), 작은 동물 모형, 물 담긴 병

활동방법 :

1. 플라스틱 상자에 찰흙으로 땅을 만듭니다.
2. 대륙, 반도, 지협, 섬 등을 만들면서 땅의 여러 형태를 소개합니다.
3. 호수, 해협, 만 등을 만들면서 바다의 여러 형태를 소개합니다.
4. 찰흙을 여러 모양으로 반죽하여 나무, 꽃, 동물들을 만들어 땅 위에 꽂아 줍니다.
5. 동물 모형들도 사는 곳에 맞춰 땅과 바다 자리에 놓습니다.
6. 바다 자리에 물을 붓습니다.
7. 모형이 완성되었습니다.

1

4

5

6

작은 씨앗네 이야기 ···· 17

지구본과 세계지도

| 하나님이 뭍을 땅이라 칭하시고 모인 물을 바다라 칭하시니라 하나님의 보시기에 좋았더라_ 창세기 1:10

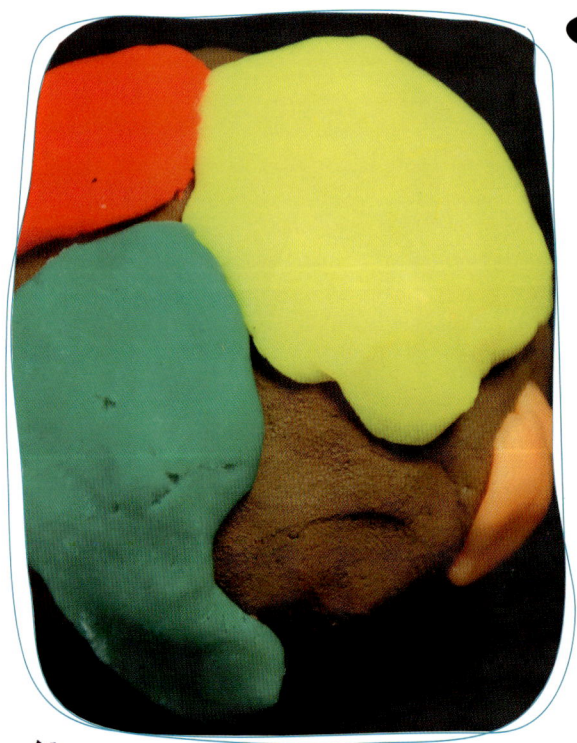

준비물

투명한 빈 통 3개, 작은 동물 모형, 흙, 물, 굵은 소금

활동방법:

1. 색깔 넣은 밀가루 반죽을 동그랗게 만들어 지구를 표현해 줍니다.
2. 지구는 5대양 6대주로 되어 있다는 것을 이야기한 후 색깔 넣은 밀가루 반죽으로 대륙을 만들어 지구 위에 붙입니다.
3. 지구본과 평면지도에 대한 설명을 해 준 후, 지구본을 반으로 자릅니다.
4. 반으로 자른 지구를 밀대로 밀어 납작하게 만듭니다. (이때의 주의점은 색깔 넣은 반죽면이 바닥으로 향하게 한 후 밀어야 합니다.)
5. 납작하게 만든 반죽을 뒤집어 주면 평면지도가 만들어집니다.
6. 지구본과 평면지도를 비교해 보며 이야기를 나눕니다.

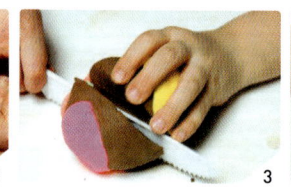

엑스레이 사진을 이용한 그림

| 여호와 하나님이 아담에게서 취하신 그 갈빗대로 여자를 만드시고 그를 아담에게로 이끌어 오시니_ 창세기 2:22

준비물

흉부 엑스레이 필름, 유성 매직, 투명한 비닐, 검정색 털실

활동방법:

1. 투명한 비닐을 햇볕이 잘 드는 창에 붙여 줍니다.
2. 1의 위에 흉부 엑스레이 필름을 붙입니다.
   요즘은 팍스(PACS)라고 해서 엑스레이 필름보단 컴퓨터 파일로 만들어 진찰하는 경우가 많기 때문에 엑스레이 필름을 구하는 것보다 팍스를 프린터로 출력해 달라고 하면 구하기가 더 쉽습니다.
3. 흉부 엑스레이 사진에서 연결된 남자와 여자의 전면 골격과 후면 골격을 그려 봅니다.

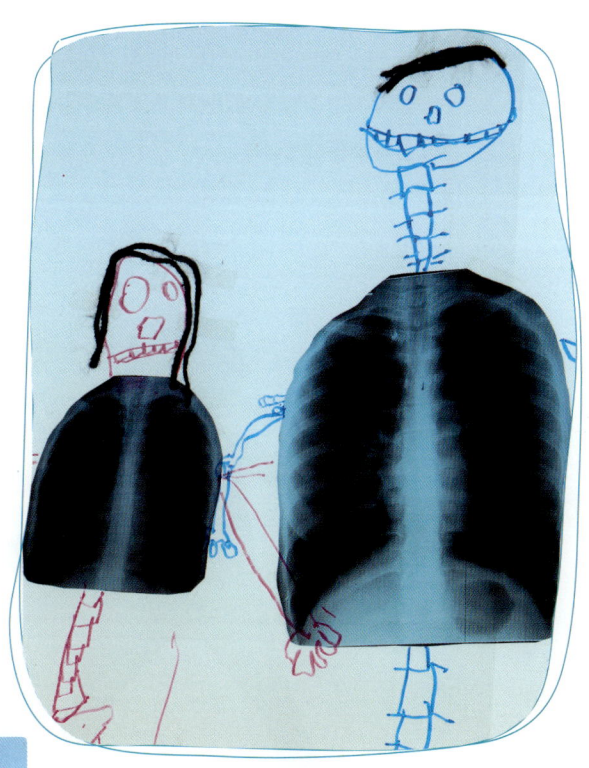

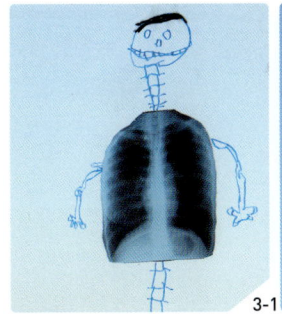
3-1

3-2

우리의 작품들 감상해요!

Genesis 04-1 *작은씨앗네 이야기*

우리 몸의 뼈 그리기

 준비물 : 종이, 사인펜

 활동방법 :

1. 우리 몸 속의 뼈는 어떤 역할을 하는지 이야기 나눕니다.
2. 우리 몸의 뼈는 어떻게 생겼는지 책을 통해 알아봅니다.
3. 우리 몸의 뼈를 그립니다.

   뼈 : 우리 몸에는 크고 작은 뼈들이 있습니다. 어린아이일 때는 어른보다 훨씬 뼈의 개수가 많지만 자라면서 서로 달라붙어 어른들은 206개 가량의 뼈로 이루어져 있습니다. 이 뼈들은 뇌와 심장, 허파 등 몸속의 기관을 보호해 줍니다.

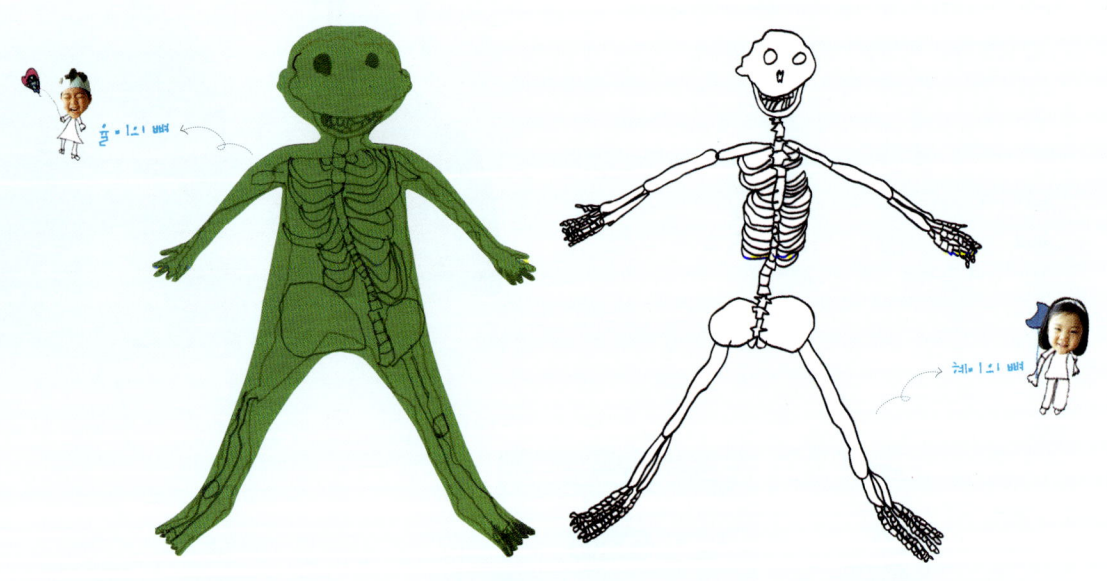

 TipTip

제목 내 몸 속 구경해 볼래?
지은이 디디에 레비
출판사 삼성당
(스코프스쿨 시리즈 중)

음식물은 어떻게 소화가 될까요?

 준비물 : 종이, 필기도구, 자석, 클립, 스카치테이프

 활동방법 :

1. 종이 위에 우리 몸의 소화 기관들을 그립니다.
2. 다른 종이 위에 음식도 그립니다.
3. 그림 1, 2를 코팅합니다.
4. 그림2의 뒷면에 스카치테이프로 클립을 붙입니다.
5. 그림1 뒷면에 자석을 대고 그림1 앞부분에는 클립이 부착된 음식을 놓습니다.
6. 자석과 클립이 종이 사이로 맞붙게 한 후에 소화기관을 따라 움직입니다.
7. 음식물이 들어가는 입에서 배출되는 항문까지 움직입니다.

우리가 먹는 음식은 모두 입으로 들어가 침과 함께 잘게 씹습니다.
잘게 부서지고, 짓이겨진 음식물은 부드러운 식도를 통해 위로 내려갑니다.
음식물은 위에서 분비되는 강한 산과 소화효소와 섞이면서 죽처럼 녹게 되고, 위장에 있는 종주근과 환상근이 음식물을 쥐어짜고, 뒤섞습니다.
영양분을 더 잘 뽑아 내기 위한 것이죠.
그리곤 연동 운동에 의해 창자로 내려가 더 잘게 부서집니다.
음식물 속의 영양분들은 작은 창자에서 흡수됩니다. 그리고 그 영양분들은 피를 통해 우리 몸 전체로 전해집니다.
영양분이 흡수된 뒤 남은 찌꺼기들은 큰창자에 있다가 항문을 통해 똥으로 나옵니다.
수분과 일부 노폐물은 콩팥에서 걸러진 후에 방광을 거쳐 오줌으로 나옵니다.

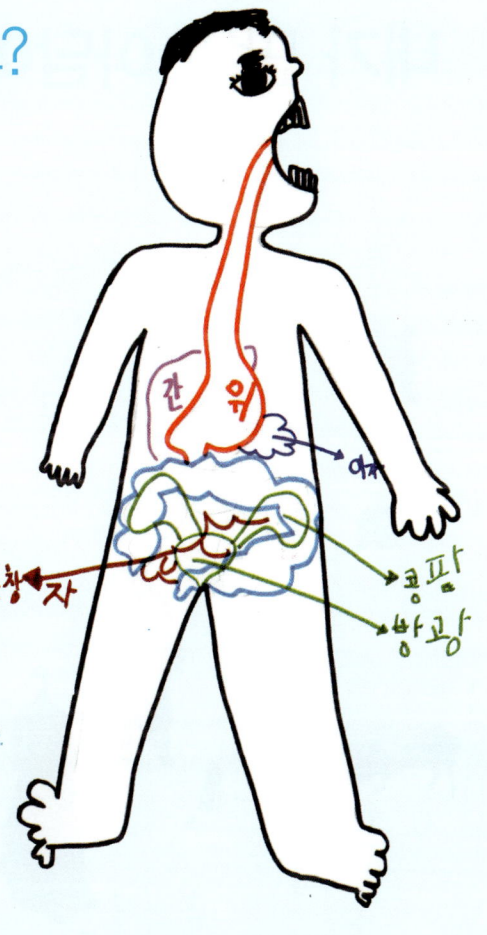

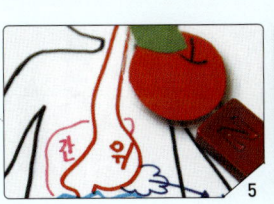

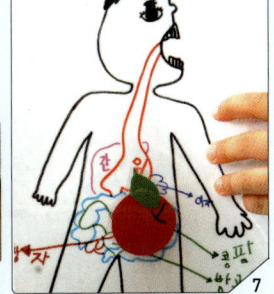

내가 만약 아담이라면?

| 여호와 하나님이 흙으로 각종 들짐승과 공중의 각종 새를 지으시고 아담이 어떻게 이름을 짓나 보시려고 그것들을 그에게로 이끌어 이르시니 아담이 각 생물을 일컫는 바가 곧 그 이름이라_ 창세기 2:19

준비물

종이, 사인펜, 동물 모양의 스티커

활동방법 :

1. 내가 만약 아담이라면 동물들의 이름을 어떻게 지었을 지 이야기를 나누어 봅니다.
2. 동물 스티커를 종이 위에 붙입니다.
3. 각각의 동물들에게 새로운 이름을 만들어 줍니다.

3-1

3-2

3-3

내가 만든 문자

준비물 : 종이, 사인펜, 동물 모양의 스티커

활동방법 :

1. 내가 만약 문자를 만든다면 어떤 문자를 만들어 쓸 것인지를 이야기합니다.
2. 나만의 문자를 만들어 적습니다.
3. 동물 모양의 스티커를 새로운 종이 위에 붙입니다.
4. 내가 만든 문자를 이용하여 동물의 이름을 적습니다.

Genesis 06

밀가루 반죽으로 뱀 만들기

| 여호와 하나님의 지으신 들짐승 중에 뱀이 가장 간교하더라 뱀이 여자에게 물어 가로되 하나님이 참으로 너희더러 동산 모든 나무의 실과를 먹지 말라 하시더냐_ 창세기 3:1

준비물

포스터 칼라, 밀가루, 소금과 식용유, 반죽을 꾸밀 여러 가지 재료들(이쑤시개, 모양 있는 파스타, 콩)

활동방법 :

1. 반죽이 상하지 않게 하기 위해 소금을 조금 넣고, 반죽을 부드럽게 하기 위해 식용유를 한 스푼 정도 밀가루에 넣습니다.
2. 소금과 식용유를 넣은 밀가루에 포스터 칼라를 푼 물을 넣어 반죽을 합니다.
3. 반죽한 밀가루를 비닐봉투에 넣어 냉장고에 20분 정도 넣어 놓습니다.
4. 밀가루 반죽과 여러 가지 재료들을 이용해 밀가루 반죽 놀이를 합니다.

〈밀가루 반죽 놀이〉

뱀 만들기

🐸 **준비물** : 밀가루 반죽, 밀가루 반죽을 꾸밀 여러 가지 재료들

🐸 **활동방법** :

1. 밀가루 반죽을 이용해서 뱀을 만듭니다.
2. 준비된 재료들을 사용해 뱀을 꾸밉니다.

뱀의 혀는 일반 동물들과 달리 냄새를 맡거나 동물들의 위치를 찾는 일을 합니다. 또한 뱀의 눈은 눈꺼풀이 없고 투명한 비늘로 싸여 있습니다. 투명한 비늘로 싸여 있는 것은 뱀의 눈이 마르는 것을 방지하기 위해서이지요. 그래서 눈은 언제나 뜨고 다닙니다.

Genesis 07

뱀은 어떻게 먹이를 먹을까요?

여호와 하나님의 지으신 들짐승 중에 뱀이 가장 간교하더라 뱀이 여자에게 물어 가로되 하나님이 참으로 너희더러 동산 모든 나무의 실과를 먹지 말라 하시더냐_ 창세기 3:1

 준비물

긴 풍선, 작은 모형 인형(뱀이 즐겨먹는 먹이의 모형이면 더 좋습니다.)

활동방법 :

1. 긴 풍선에 작은 모형을 넣습니다. 풍선은 뱀, 작은 모형은 뱀의 먹이라고 설명 하면서 넣습니다.
   작은 모형이 없으면 종이에 뱀 먹이를 그려서 돌돌 말아 풍선 안에 넣으면 됩니다.
2. 풍선이 배부른 뱀처럼 동그랗게 되도록 바람을 넣고 묶습니다.
   이때 바람을 너무 많이 넣지 않도록 합니다.
3. 풍선의 입구에 밀가루 점토를 이용하여 뱀의 얼굴을 만듭니다.
   뱀은 자신의 몸집보다 더 큰 음식물을 삼킬 수 있습니다. 뱀은 음식물을 씹지 않고 통째로 삼킨 후에 배 속에서 천천히 소화를 시킵니다.

2

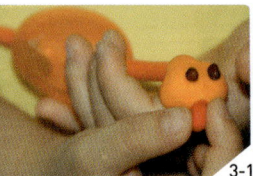
3-1

3-2

26 ••• 우리집은 행복한 학교

방주를 만들어요

| 그러나 너와는 내가 내 언약을 세우리니 너는 네 아들들과 네 아내와 네 자부들과 함께 그 방주로 들어가고 혈육 있는 모든 생물을 너는 각기 암수 한 쌍씩 방주로 이끌어 들여 너와 함께 생명을 보존케 하되_ 창세기 6:18-19

준비물

우유 곽, 투명 비닐지, 스카치테이프, 작은 동물 모형, 칼

활동방법 :

1. 우유 곽을 깨끗이 씻어 말립니다.
2. 우유 곽을 옆으로 눕힌 후 1/3정도를 남기고 칼로 자릅니다.
3. 동물 모형을 넣습니다.
4. 투명 비닐을 덮고 스카치테이프로 고정시킵니다.
5. 간이 수영장이나 욕조에 어린이가 만든 방주를 띄웁니다.
6. 방주를 만들면서 노아 할아버지 이야기를 들려줍니다.

방주 물놀이

 준비물 : 욕조(혹은 간이 수영장), 우산 여러 개, 샤워기(혹은 분무기), 동물 모형, 비누 방울

 활동방법 :

1. 어린이는 하나님 말씀에 순종하는 노아 할아버지 역을 맡고, 욕조(혹은 간이 수영장)를 방주 삼습니다.
2. 방주 안에 동물 모형의 암수 짝을 맞추어 넣습니다.
3. 방주의 지붕을 대신해서 우산을 펼쳐 쓰고 노아 할아버지처럼 방주 안으로 들어갑니다.
4. 엄마나 다른 어린이가 샤워기(혹은 분무기)로 비 내리듯 물을 뿌려줍니다.
5. 40일간 비가 내린 것을 설명하기 위해 샤워기로 내리는 비를 맞으며 1부터 40까지 숫자를 셉니다.
6. 오랫동안 비가 내려서 세상의 온 땅이 전부 잠기는 홍수가 났다고 설명합니다.
7. 물이 빠지길 기다리는 동안 날짜를 이르는 우리 말을 배웁니다.

   하루, 이틀, 사흘, 나흘, 닷새, 엿새, 이레, 여드레, 아흐레, 열흘은 초하루, 초이틀, 초사흘, 초나흘, 초닷새, 초엿새, 초이레, 초여드레, 초아흐레, 초열흘이라고 하기도 합니다.

   한 달의 첫째 날부터 열흘째까지 처음을 뜻하는 초자를 붙여서 부르며 이 즈음을 달의 초순이라고 합니다. 그 다음은 열하루, 열이틀, 열사흘, 열나흘, 열닷새(보름), 열엿새, 열이레, 열여드레, 열아흐레, 스무날이라고 하며 열하루 날부터 스무날까지를 중순이라고 부릅니다.

   그 다음부터 월말까지 하순이라고 부르며 스무하루, 스무이틀, 스무사흘, 스무나흘, 스무닷새, 스무엿새, 스무이레, 스무여드레, 스무아흐레라고 말합니다.

   스물 아홉번째 날 다음은 서른날이라고 부르지 않고, 그믐 혹은 그믐날이라고 부릅니다. 음력으로 스물 아홉번째 날도 그 날이 달의 마지막 날일 경우엔 그믐, 혹은 그믐날이라고 불립니다.

8. 노아 할아버지는 물이 빠지고 땅이 드러났는지 알기 위해 까마귀와 비둘기를 차례대로 날려 보냈습니다. 노아 할아버지 역할을 맡은 어린이도 새를 날려 보내듯 비누 방울 놀이를 합니다.

함께 읽으면 좋은책
제목 노아 할아버지의 방주 이야기
지은이 톰 둘리 | 그림 빌 루니
출판사 꿈을 이루는 사람들

Genesis 09

짝수, 홀수를 만들어요

| 혈육 있는 모든 생물을 너는 각기 암수 한 쌍씩 방주로 이끌어 들여 너와 함께 생명을 보존케 하되_ 창세기 6:19

준비물

흰 종이, 동그란 모양의 스티커, 사인펜

활동방법 :

1 흰 종이 위에 숫자를 적습니다. (1, 2, 3, 4, 5)
2 적힌 숫자대로 스티커를 붙이면서 동화를 들려주듯이 이야기를 들려줍니다.

　옛날 옛날에 스티커들이 소풍을 가려고 모두 모였어요. 선생님은 오밀조밀 모여 있는 스티커들에게 말했어요.
　"모두모두 위에 적혀 있는 숫자만큼 두 줄로 서세요."
　스티커들은 짝을 지어 두 줄로 서기 시작했어요.
　(숫자 1 밑에 스티커 한 개를 붙이면서)
　혼자 있는 스티커가 말했어요.
　"전 혼자라서 두 줄에 같이 설 짝꿍이 없어요."
　그러자 선생님은 대답하셨어요.
　"그래. 넌 짝꿍이 없구나. 너처럼 짝이 맞지 않는 수를 홀수라고 해."
　(숫자 2 밑에 스티커 두 개를 붙이면서)
　"하나, 둘~ 너희 둘처럼 짝꿍이 있을 땐 짝수라고 한단다."
　"짝수인 친구들은 참 좋겠어요. 짝꿍도 있고~"
　"홀수인 친구들은 나중에 다른 홀수 친구들과 만나게 해줄게. 그럼 다시 짝수가 되거든."
　그러자 스티커들은 폴짝 뛰면서 말했어요.
　"그럼 홀수와 홀수가 만나면 짝수가 되는 거예요? 너무너무 신기해요."
　(숫자 3 밑에 스티커 세 개를 붙이면서)
　"하나, 둘, 셋~ 너희 셋 중에 둘은 짝꿍이 있고, 나머지 한 명은 짝꿍이 없구나."
　"그럼 숫자 3은 짝수도 되고, 홀수도 되는 거예요?"
　"아니~ 짝이 없는 친구가 있을 땐 항상 홀수라고 불러요."
　"아~ 그렇구나. 그럼 우린 홀수구나."
　"아까 선생님이 홀수랑 홀수랑 만나면 다시 짝수가 된다고 말했지요?"
　"네~~"
　"그럼 짝수랑 짝수랑 만나면 짝수가 될까, 홀수가 될까?"
　"짝수요!" "홀수요!!"
　"자, 자~ 조용조용~ 선생님이 알려주기 전에 너희들이 한 번 모여서 두줄로 서볼까?"
　(숫자 4 밑에 스티커 네 개를 붙이면서)
　"숫자 1밑에 있던 스티커 하나와 숫자 3밑에 있던 스티커 세 개를 합하면 어떻게 될까요?"
　"선생님, 스티커가 네 개가 되었어요."
　"그럼 홀수인가요?"
　"아니요~"
　"짝이 딱 맞으니까 짝수지요?"
　"네~"
　"숫자 2 밑에 있던 스티커 친구들과 숫자 4 밑에 있던 친구들이 모이면 여섯이 되네요. 그럼 짝수인가요, 홀수인가요?"

"하하하. 짝수요~ 너무 쉬워요."
"짝수와 짝수가 만나도 짝수가 되는군요~ 이제 잘 알았어요?"
"네~"
(숫자 5 밑에 스티커 다섯개를 붙이면서)
"그럼 이번엔? 짝수와 홀수를 합하면 짝수가 될까요, 홀수가 될까요?"
"짝수요!" "홀수요!!"
"둘이라는 짝수와 셋이라는 홀수가 만나서 다섯이라는 수가 되었어요. 그럼 어떤 수가 되지요?"
"홀수요."
"홀수끼리 더해지면 짝수가 되었는데, 홀수와 짝수가 만나니까 다시 홀수가 되지요?"
"네~"
"짝수끼리 더해지든, 홀수끼리 더해지든 짝수가 되지만 다른 수끼리 만나면 반드시 홀수가 돼요."
이렇게 홀수와 짝수에 대해서 배운 스티커 친구들은 그날 신나고 재미있는 소풍을 잘 다녀왔답니다.

Genesis 09-1 작은씨앗 네 이야기

스티커를 이용한 그림그리기

🎨 **준비물** : 여러 모양의 스티커, 종이, 사인펜, 색연필

🎨 **활동방법** :

1 스티커를 붙이면서 연결 그림을 그립니다.

방주 아코디언 책 만들기

| 너는 잣나무로 너를 위하여 방주를 짓되 그 안에 간들을 막고 역청으로 그 안팎에 칠하라_ 창세기 6:14

두꺼운 도화지, A4용지, 사인펜이나 색연필, 풀, 가위

활동방법 :

1. A4용지를 지그재그로 접습니다. (길이를 길게 하고 싶으면 두세장을 연결해서 접으면 됩니다.)
2. 두꺼운 도화지를 집모양으로 두 장 오려서 A4용지 맨 앞부분과 뒷부분에 한 장씩 붙입니다.
3. 두꺼운 종이 앞면과 뒷면을 노아의 방주처럼 꾸밉니다.
4. A4용지에 방주 안에 들어갈 동물, 식물, 사람을 그립니다.

Genesis 11

무지개를 만들어요

| 무지개가 구름 사이에 있으리니 내가 보고 나 하나님과 땅의 무릇 혈기 있는 모든 생물 사이에 된 영원한 언약을 기억하리라_ 창세기 9:16

준비물

거울, 물, 광원(손전등이나 백열등 스탠드), 투명한 그릇, 흰색 두꺼운 종이

 활동방법 :

1. 투명한 그릇에 물을 채웁니다.
2. 거울을 투명한 그릇 안쪽 면에 경사지게 쓰러지지 않도록 세웁니다.
3. 거울 일부만 물에 잠기도록 한 다음 거울에 손전등이나 백열 스탠드 같은 광원을 비춥니다.
4. 빛의 반사각을 예상해서 무지개를 찾아 흰색 두꺼운 종이를 댑니다.
5. 흰색 두꺼운 종이에 나타나는 무지개를 찾아 관찰합니다.
6. 영원한 언약을 왜 하필 안개나, 먹구름이나 바람이나 햇살이 아닌 무지개를 가리키시며 말씀하셨을까 대화를 나눕니다.
7. 바람, 번개, 천둥, 먹구름, 안개, 노을, 폭풍 등의 자연현상들을 의인화 해 역할극을 합니다.
8. 하나님의 언약을 기억하며 마지막엔 무지개를 띄워서 이야기를 맺습니다.

무지개는 광원의 반대쪽에 빛을 굴절시키는 물이나 물방울이 있을 경우 물을 통과하는 빛이 반사될 때 생깁니다. 이번 실험처럼 백열등 스탠드나 손전등으로도 가능하며, 더욱 쉽게 태양을 등지고, 입에 있던 물을 뿜어내 보면 쉽사리 무지개를 볼 수 있습니다. 소나기가 많은 여름철에 많이 나타나는 무지개는 아름다운 색깔과 쉽게 사라지는 특성 때문에 많은 이야기에 등장하고 있기도 합니다.

2   5

무지개 책 만들기

| 무지개가 구름 사이에 있으리니 내가 보고 나 하나님과 땅의 무릇 혈기 있는 모든 생물 사이에 된 영원한 언약을 기억하리라_ 창세기 9:16

준비물
A4용지 4장, 사인펜, 잡지책, 여러 색깔의 스티커들, 스테이플러, 풀

활동방법:

1. A4용지 4장을 2.5cm의 간격으로 포개어 놓습니다.
2. 포개어진 A4용지 4장을 한꺼번에 반으로 접습니다.
   (용지들을 반으로 접을 때 8면이 같은 간격이 되도록 접습니다.)
3. 접힌 가운데 부분을 스테이플러로 찍어 책처럼 고정시킵니다.
4. 무지개 책을 만듭니다.
   겉장을 제외한 7면에 잡지책을 오려 붙이거나, 색종이, 스티커, 사인펜 등 무엇으로든 자유롭게 각각의 색을 표현합니다.

   첫 장은 빨강색으로 꾸밉니다. 둘째 장은 주황색으로 꾸밉니다. 셋째 장은 노랑색으로 꾸밉니다. 넷째 장은 초록색으로 꾸밉니다. 다섯째 장은 파랑색으로 꾸밉니다. 여섯째 장은 남색으로 꾸밉니다. 일곱째장은 보라색으로 꾸밉니다.
5. 함께 만든 무지개 책을 보며 영원한 언약에 대해서 이야기합니다.

비 오는 날 산책하기

| 너는 네 아내와 네 아들들과 네 자부들로 더불어 방주에서 나오고 너와 함께한 모든 혈육 있는 생물 곧 새와 육축과 땅에 기는 모든 것을 이끌어 내라 이것들이 땅에서 생육하고 땅에서 번성하리라 하시매_ 창세기 8:16–17

비옷, 우산, 장화

활동방법 ❶ :

1. 비 오는 날 비옷과 우산을 쓰고 밖으로 나갑니다.
2. 비를 맞으며 이야기를 합니다.
   비를 맞을 때의 기분은 어떤지 이야기를 나눕니다.
   나무 위로 떨어지는 비를 관찰합니다.
   땅을 밟을 때의 느낌은 어떤지 이야기를 나눕니다.
   우산을 지붕 삼아 집을 만듭니다.

활동방법 ❷ :

1. 나무 모양에 대해 관찰합니다.
2. 어린이들은 비옷을 입고, 비 맞는 나무가 되어 봅니다.
   팔을 벌린 채 비를 맞으면 어떤지, 웅크린 채 비를 맞으면 어떤지, 큰 나무 옆에선 어떤지, 넓게 트인 곳에서 비를 맞으면 어떤지 체험합니다.
3. 팔을 올린 채 활엽수처럼 손바닥을 하늘로 향해 비를 맞아 보고, 침엽수처럼 손바닥의 날을 세워서 비를 맞습니다. 어떤 모양으로 있을 때 손바닥에 내린 비가 더 많이 팔을 타고 내려가는지를 이야기합니다.
   나무와 나뭇잎의 모양에 따라 비를 받아 들이는 양과 방법이 다른 것처럼 광합성을 위해 빛을 받아들이는 것도 마찬가지입니다.

비 온 후 산책하기

 준비물 : 비닐 봉투

 활동방법 :

1. 비 온 후 산책을 합니다.
2. 비가 그친 후의 모습은 어떻게 변했는지 이야기를 나눕니다.
   햇살을 받으며 걸어 다닐 때의 느낌을 이야기 나눕니다.
   나무는 어떤 모습인지 이야기를 나눕니다.
   땅을 밟을 때의 느낌은 어떤지 이야기를 나눕니다.
3. 나뭇잎과 돌, 나무껍질, 나뭇가지들을 수집합니다.
4. 비닐 봉투에 담아 집으로 가져옵니다.
5. 수집해 온 나뭇가지에 침엽수는 침엽수끼리, 활엽수는 활엽수 나뭇잎끼리 자유롭게 붙여서 침엽수, 활엽수 스크랩 북을 만듭니다.

TipTip

함께 읽으면 좋은책
제목 얘들아 숲에서 놀자
지은이 남효창
출판사 추수밭

나무 관찰하기

| 너는 네 아내와 네 아들들과 네 자부들로 더불어 방주에서 나오고 너와 함께한 모든 혈육 있는 생물 곧 새와 육축과 땅에 기는 모든 것을 이끌어 내라 이것들이 땅에서 생육하고 땅에서 번성하리라 하시매_ 창세기 8:16-17

준비물

나무가 있는 곳이면 어디든지

활동방법 :

1. 나무 껍질 관찰하기 – 모든 나무마다 껍질의 무늬가 다르다는 것을 살펴봅니다.

   나무 껍질을 만져 보고 느낌이 어떤지 이야기를 나눕니다.

2. 나무진 관찰하기 – 나무진은 나무의 상처가 났을 때 생기는 끈끈한 액체입니다.

   모세의 어머니인 요게벳은 바로의 명령으로 모세를 더 이상 기를 수 없게 되었을 때 갈대상자에 어린 모세를 넣고 역청과 나무진을 발라 나일강에 상자를 띄웠다고 했습니다.

   나무진은 시간이 지나면 굳어지는데 굳은 나무진엔 방수효과가 있어 어린 모세의 갈대상자를 만들 때 도움을 줄 수 있었던 것입니다.

   나무진을 관찰하며 요게벳이 자신이 가장 사랑하는 아들 아기 모세를 갈대상자에 넣을 때의 마음이 어떠했을지 이야기를 나눕니다.

나무를 관찰해 보세요!

1 2

TipTip

함께 읽으면 좋은책

제목 선인장 호텔
지은이 브렌다 기버슨
그림 미간 로이드
출판사 마루벌

Genesis 15

나무진을 먹는 장수풍뎅이 키우기

| 너는 네 아내와 네 아들들과 네 자부들로 더불어 방주에서 나오고 너와 함께한 모든 혈육 있는 생물 곧 새와 육축과 땅에 기는 모든 것을 이끌어 내라 이것들이 땅에서 생육하고 땅에서 번성하리라 하시매_ 창세기 8:16-17

장수풍뎅이 관찰해요!

준비물

장수풍뎅이 암수컷 또는 애벌레, 사육용 흙, 나무 도막, 사육 상자, 사육용 젤리

활동방법 :

1. 장수풍뎅이와 관련된 책을 읽습니다.

    장수풍뎅이의 종류, 먹이, 활동, 자라나는 과정에 대해서 이야기를 나눕니다.

2. 애벌레인 장수풍뎅이를 키우면서 번데기 방을 만들고 허물을 벗을 때, 허물을 벗고 번데기가 되었을 때, 장수풍뎅이가 되는 과정을 관찰합니다.

3. 생명이 있는 곤충을 키울 때의 지켜야 할 규칙에 대해서 이야기를 나눕니다.

    먹이는 매일 매일 주어야 합니다.
    사랑과 정성된 마음으로 관찰하며 키웁니다.
    만약 돌볼 수 없게 될 경우엔 잡아온 곳에 다시 놓아 줍니다. 다른 곳에 놓아 주면 지역마다 다른 자연의 질서가 있기 때문에 그 질서를 깨뜨릴 수도 있습니다.

Tip Tip

함께 읽으면 좋은책

제목 장수풍뎅이
지은이 이지치 에이신
사진 운노 카즈오
출판사 몬테소리 CM

작은 씨앗네 이야기 ••• 39

Genesis 15-1 장수씨앗네 이야기

장수풍뎅이 책 만들기

 준비물 : 색상지, 가위, 풀, 편지봉투, 사인펜

 만드는 방법 :

1. 장수풍뎅이 책을 모두 몇 면으로 만들지 어떤 내용을 실을지를 어린이와 함께 이야기합니다.
2. 색상지는 반으로 접고 한 면에 한 장씩 편지봉투를 반으로 오려 붙입니다.(그림 주머니를 만들어 줌)
3. 주머니 안에는 장수풍뎅이에 관한 그림을 그려서 넣습니다.
4. 설명도 함께 적어 줍니다.

    그림 주머니 안에 들어가는 종이는 두꺼운 종이나 코팅을 해서 사용하면 더 오래 사용할 수 있습니다.

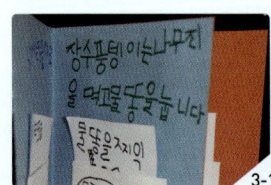
3-1

3-2

Genesis 15-2 장수씨앗네 이야기

장수풍뎅이 관찰일지 만들기

 준비물 : 화일, 종이, 연필

 활동방법 :

1. 장수 풍뎅이의 생활과 변화를 관찰하고 관찰한 것을 일지에 기록합니다.

오늘 애벌레가 번데기로 되었다. 아침에는 번데기옷을 입고 꿈틀거렸는데 지금은 움직임이 없다. 뿔집에는 장수컷은 우뚝 컸고 암컷일까?

움직이는 장수풍뎅이 애벌레 인형 만들기

준비물 : 색상지, 털실, 스카치테이프 또는 풀

활동방법 :

1. 색상지 두 장을 'ㄱ'자 모양으로 엇갈려 놓은 후 고정 시킵니다.
2. 아래에 깔려 있는 종이를 접습니다.
3. 종이를 번갈아 가면서 포개어 접습니다.
4. 아코디언 모양으로 접은 후 마지막 부분은 풀어지지 않도록 풀칠이나 스카치테이프로 고정시킵니다.
5. 맨 앞장에 애벌레의 얼굴을 오려서 붙입니다.
6. 털실을 애벌레 머리 끝부분에 매답니다.
7. 털실을 끌면 애벌레가 꾸물꾸물 움직이는 인형이 완성됩니다.

하나님께서는 우리에게 자연과 살아 있는 모든 생물들을 살피고 다스리라고 말씀하셨습니다. 작은 곤충 하나도 이름 모를 풀 잎 하나도 모두 우리가 가꾸고 살펴야 하는 소중한 자연입니다. 장수풍뎅이를 키우면서 나보다 약한 곤충을 보살펴 주고 베푸는 마음을 알아갈 수 있도록 합니다.

매일 사랑해 주고 아껴 주는 곤충일 수록 건강하게 큰다는 것을 알 수 있습니다.

Genesis 16

나뭇잎 연상 그림

너는 네 아내와 네 아들들과 네 자부들로 더불어 방주에서 나오고 너와 함께한 모든 혈육 있는 생물 곧 새와 육축과 땅에 기는 모든 것을 이끌어 내라 이것들이 땅에서 생육하고 땅에서 번성하리라 하시매 _ 창세기 8:16-17

준비물

여러 모양의 나뭇잎, 스카치테이프, 풀, 사인펜, 종이

활동방법 :

1. 나뭇잎의 모양을 비교합니다.
2. 나뭇잎들을 연결하여 연상 그림을 그립니다.

나뭇잎을 종이에 붙일 때는 붙일 종이 위에 풀칠을 해서 붙입니다. 나뭇잎에 풀칠을 하면 찢어질 수도 있습니다.

우리의 작품들 감상해요!

1

2-1

2-2

2-3

나뭇잎 대고 그리기

- **준비물** : 여러 모양의 나뭇잎, 종이, 색연필

- **활동방법** :

  1. 나뭇잎의 잎맥이 선명하게 보이는 쪽을 위로 하여 놓습니다.
  2. 그 위에 종이를 올립니다.
  3. 나뭇잎이 깔린 종이 위를 색연필로 색칠해 줍니다.
  4. 종이에 나뭇잎의 잎맥 무늬가 나옵니다.
  5. 나뭇잎의 종류마다 잎맥의 무늬도 다름을 이야기 나눕니다.

나뭇잎 왕관 만들기

준비물 : 두꺼운 도화지, 여러 모양의 나뭇잎, 스카치테이프

활동방법 :
1. 두꺼운 도화지를 길게 오립니다.
2. 어린이의 머리 크기에 맞게 조절합니다.
3. 두꺼운 도화지 위에 나뭇잎들을 붙여서 장식합니다.
4. 왕관을 쓰고 숲 속의 왕처럼 숲 속 동식물들의 어려움을 들어보고, 해결해 주는 놀이를 합니다.

나뭇잎 찍기

 준비물 : 물감, 붓, 물통, 나뭇잎, 종이

 활동방법 :

1. 나뭇잎의 잎맥이 선명하게 보이는 쪽을 위로 놓습니다.
2. 물감을 나뭇잎 위에 칠합니다.
3. 물감이 묻은 나뭇잎을 종이에 찍습니다.

나뭇잎 따기

 준비물 : 한줄기에 여러 잎사귀가 달린 아카시아 나뭇잎

 활동방법 :

1. 갯수가 같게 붙어 있는 나뭇잎을 구해 게임하는 사람이 하나씩 듭니다.
2. 가위, 바위, 보를 하여 이긴 사람이 잎사귀 하나씩을 떼어 냅니다.
3. 누가 먼저 떼어 내는가를 시합합니다.

 김은서맘네 이야기

나뭇잎 목걸이 만들기

준비물 : 여러 모양의 나뭇잎, 빨대, 스카치테이프, 실, 펀치

활동방법 :

1. 여러 모양의 나뭇잎을 코팅합니다.
2. 코팅한 나뭇잎은 펀치로 구멍을 냅니다.
3. 스카치테이프를 이용하여 실의 끝부분을 한쪽은 뾰족하게 한쪽은 판판하게 붙입니다.
4. 뾰족한 부분으로 빨대와 나뭇잎을 넣습니다.
5. 하나씩 끼워지면 끝을 마무리하여 목걸이를 완성합니다.

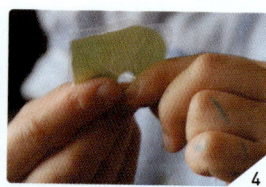

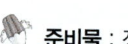

아기 코뿔소

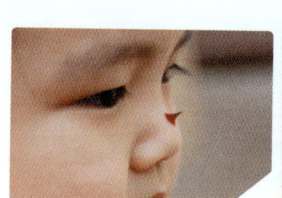
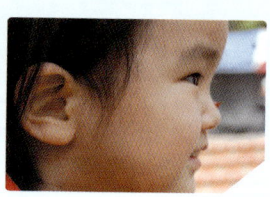

준비물 : 장미 가시

활동방법 :

1. 장미 나무에서 가시를 떼어 냅니다.
2. 가시를 코 끝에 붙입니다. 만약 잘 붙지 않을 경우 침을 조금 묻혀 주면 잘 붙습니다.

나뭇잎 배 만들어 물에 띄워 보기

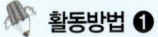 **준비물** : 나뭇잎

 활동방법 ❶ :

1. 나뭇잎을 따서 물에 띄웁니다.
2. 물살의 움직임에 따라 나뭇잎이 흘러가는 모습을 관찰합니다.

활동방법 ❷ :

1. 가운데가 넓고 길쭉한 잎사귀를 고릅니다.
2. 양끝의 가운데를 2cm 자른 후 자른 부분끼리 서로 포갭니다.
3. 배의 모양을 만든 후 물에 띄웁니다.

Genesis 1:6-8

민들레 홀씨 날리기

 준비물 : 민들레 홀씨

 활동방법 :

1. 숲에 피어난 민들레 홀씨를 관찰합니다.
2. 민들레 홀씨를 딴 후 입김으로 후~ 하고 붑니다.
3. 민들레 홀씨가 날아가는 것을 관찰합니다.
4. 민들레는 홀씨가 날아가서 제각기 자리를 잡고 꽃을 피운다는 것을 이야기 나눕니다.

작은씨앗네 이야기 **Genesis 16-9**

돋보기 놀이

 준비물 : 돋보기

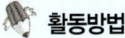 활동방법 :

1. 돋보기를 들고 나무껍질, 나뭇잎, 작은 풀들, 흙, 산 속에 살고 있는 작은 곤충들을 관찰합니다.
2. 눈으로 볼 때와 돋보기를 이용하여 볼 때 어떤 점이 다른지 이야기를 나눕니다.
3. 돋보기에 대해서 설명합니다.

   돋보기는 사물을 크게 보기 위해 만든 볼록렌즈입니다. 렌즈 가장자리보다 가운데가 두꺼운 렌즈를 볼록렌즈라고 하고, 반대로 가운데가 얇은 렌즈를 오목렌즈라고 합니다. 돋보기 안경을 제외한 보통 안경 알은 오목렌즈로 만들지요.

작은씨앗네 이야기 **Genesis 16-10**

나뭇잎이 변해요

 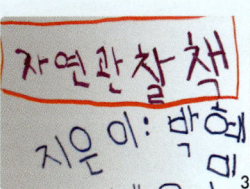

 준비물 : 색이 변해가는 나뭇잎들

 활동방법 :

1. 나무에 달린 나뭇잎을 관찰합니다.

   나무를 자세히 살펴보면 나무의 달린 잎 중 새롭게 돋아나는 잎도 있고, 한창 푸르른 잎도 있고, 또 금새 시들어서 떨어질 것 같은 나뭇잎이 있습니다.

2. 새롭게 돋아나는 나뭇잎, 푸르른 나뭇잎, 시들어가는 나뭇잎을 한 장씩 떼어 냅니다.
3. '나뭇잎의 변화' 라는 제목으로 책을 만듭니다.

Genesis 17

단팥죽 만들기

야곱이 죽을 쑤었더니 에서가 들에서부터 돌아와서 심히 곤비하여 야곱에게 이르되 내가 곤비하니 그 붉은 것을 나로 먹게 하라 한지라 그러므로 에서의 별명은 에돔이더라_ 창세기 25:29-30

준비물

팥 2컵(300g), 물 16컵, 소금(1Ts), 설탕(5Ts),
새알심 – 찹쌀가루 1컵(100g), 미지근한 물, 소금 약간

활동방법 :

1. 팥(2컵)을 깨끗이 씻은 후 6시간 정도 물에 불립니다.
2. 물(2컵)과 팥을 넣고 끓입니다. 물이 팔팔 끓으면 첫 물을 따라내 버립니다.
3. 찹쌀가루(1컵)에 소금을 약간 넣은 후 미지근한 물로 익반죽합니다.
4. 익반죽한 찹쌀가루를 동그란 새알심 모양으로 빚습니다.
5. 첫 물을 따라 버린 팥은 다시 한번 물을 붓고 푹 삶습니다. 팥이 완전히 으깨질 정도까지 삶아 줘야 합니다.
6. 팥을 식힌 후 믹서기에 물을 넣고(6컵) 곱게 갈아 줍니다.
7. 갈은 팥에 물을 조금씩 넣어 주면서(2컵) 체에 걸러 줍니다.
8. 곱게 체로 거른 팥을 중불에서 끓여 준 후 계속 저어 주면서 새알심을 넣습니다.
9. 새알심이 익어 팥 위로 떠 오르면 기호에 맞춰 소금(1Ts)과 설탕(5Ts)으로 간합니다.

4

7

단팥 아이스바 / 단팥 얼음

| 야곱이 죽을 쑤었더니 에서가 들에서부터 돌아와서 심히 곤비하여 야곱에게 이르되 내가 곤비하니 그 붉은 것을 나로 먹게 하라 한지라 그러므로 에서의 별명은 에돔이더라_ 창세기 25:29-30

준비물

단팥죽, 아이스믹스 틀 / 단팥죽, 얼음 케이스, 우유

활동방법 : 단팥 아이스바

1. 단팥죽을 아이스믹스 틀에 넣습니다.
2. 냉동실에 넣어 얼린 후 아이스바로 먹습니다.

> 팥은 이뇨작용이 뛰어나 체내의 불필요한 수분을 몸 밖으로 배출시켜 주는 역할을 합니다. 팥은 소화 흡수를 도와주고, 우리 몸 근육 속에 쌓여 있는 피로를 풀어 줍니다. 팥은 혈액을 증가시키는 철분이 많이 함유되어 있어 빈혈에도 효과적입니다. 또 옛날 비누가 공급되기 전까지는 팥가루를 물에 넣어 거품을 일게 하여 비누 대용의 세제로 이용하기도 했습니다.

활동방법 : 단팥 얼음

1. 얼음 케이스에 단팥을 넣습니다.
2. 그 위에 우유를 붓습니다.
3. 냉동실에 얼립니다

아이스바 1

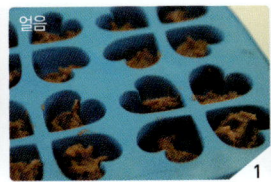
얼음 1

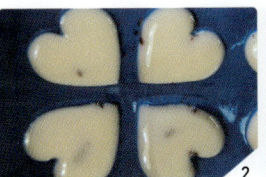
2

3

팥 키우기

| 야곱이 죽을 쑤었더니 에서가 들에서부터 돌아와서 심히 곤비하여 야곱에게 이르되 내가 곤비하니 그 붉은 것을 나로 먹게 하라 한지라 그러므로 에서의 별명은 에돔이더라_ 창세기 25:29-30

준비물

팥, 팥을 심을 화분

 **활동방법** :

1. 팥을 하루 동안 물에 불립니다.
2. 준비된 팥을 땅 속에 심습니다.
3. 팥의 싹이 나고 자라남을 관찰합니다.

　팥은 아침이 되면 양 옆으로 잎사귀를 활짝 폈다가 해가 지면 잎사귀를 아래로 내립니다.

1

3-1

3-2

3-3

팥 뿌리 관찰하기

 준비물 : 팥, 투명한 통, 솜

 활동방법 :

1. 팥을 하루 동안 물에 불립니다.
2. 투명한 통에 솜을 넣은 후 물을 붓고 팥을 넣습니다.
3. 매일매일 물을 주면서 팥이 자라나는 것을 관찰합니다.
4. 뿌리의 모양, 팥의 잎사귀가 햇빛이 비치는 방향에 따라 어떻게 움직이는지도 관찰합니다.
5. 자라나는 팥의 뿌리와 나뭇잎을 이용해서 연상 그림을 그립니다.

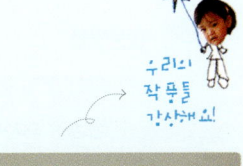

콩나물 키우기

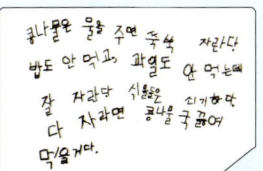

 준비물 : 콩나물 콩, 콩나물 키우는 전용 그릇

 활동방법 :

1. 콩나물 콩을 하루 동안 불린 후, 전용 그릇에 담습니다.
2. 수건을 덮은 후 뚜껑을 닫습니다.
3. 하루에 3~4번 이상 반복적으로 충분하게 물을 부어 줍니다.

Genesis 19-3

5대 영양소 찾아보기

 준비물 : 풀, 종이, 가위, 잡지책

 활동방법 :

1. 우리 몸의 필요한 5대 영양소는 어떤 것이 있는지 알아봅니다.
2. 각각의 음식물이 우리의 몸 속에 들어갔을 때 어떤 도움을 주는지 이야기 나눕니다.
3. 탄수화물, 단백질, 무기질, 지방, 비타민이 들어간 음식을 잡지책에서 찾아서 각각의 종이에 붙입니다.

팥 심기 세 가지 실험 — 팥 씨앗 발아시키기

| 야곱이 죽을 쑤었더니 에서가 들에서부터 돌아와서 심히 곤비하여 야곱에게 이르되 내가 곤비하니 그 붉은 것을 나로 먹게 하라 한지라 그러므로 에서의 별명은 에돔이더라_ 창세기 25:29-30

준비물

물, 솜, 접시 3개, 팥

활동방법 :

1. 팥을 하루 동안 물에 담궈 불립니다.
2. 접시 3개에 솜을 얹습니다.
3. 솜 위에 팥을 올립니다.
4. 첫 번째 접시는 그대로 놓습니다. 두 번째 접시는 솜이 물에 젖을 정도로 물을 붓습니다. 솜에 물이 마르지 않도록 계속 공급해 주어야 합니다. 세 번째 접시는 팥이 충분히 물에 잠길 정도로 많이 붓습니다.
5. 세 접시들을 햇볕이 잘 드는 곳에 놓습니다.
6. 팥이 어떻게 자라는지를 관찰합니다.
   → 첫 번째 접시의 팥은 자라지 않고 그대로 있습니다.
   → 두 번째 접시가 가장 잘 자랍니다.
   → 세 번째 접시는 처음에 조금 자라긴 하지만 물 속에 잠겨 더이상 자라나지 않습니다.

첫 번째 접시의 팥은 수분을 공급받지 못했기 때문에 자라나지 않습니다. 두 번째 접시의 팥들은 젖은 솜에서 물을 흡수하고, 공기 중에서는 산소를 흡수하며 햇볕을 받아 잘 자라납니다. 세 번째 접시의 팥은 싹을 틔우긴 하지만 물이 공기를 차단하기 때문에 자라남을 멈추게 됩니다.

Genesis 21

콩을 이용하여 **액자 만들기**

야곱이 죽을 쑤었더니 에서가 들에서부터 돌아와서 심히 곤비하여 야곱에게 이르되 내가 곤비하니 그 붉은 것을 나로 먹게 하라 한지라 그러므로 에서의 별명은 에돔이더라_ 창세기 25:29–30

준비물

여러 종류의 콩, 지점토

 활동방법 :

1. 지점토로 액자의 기본 틀을 만듭니다.
2. 지점토 위에 여러 종류의 콩을 꾹꾹 눌러서 액자 모양을 장식합니다.

준비물

2-1

2-2

2-3

56 ••• 우리집은 행복한 학교

호박 키우기 — 호박 퓌레(Puree) 만들기

| 야곱이 죽을 쑤었더니 에서가 들에서부터 돌아와서 심히 곤비하여 야곱에게 이르되 내가 곤비하니 그 붉은 것을 나로 먹게 하라 한지라 그러므로 에서의 별명은 에돔이더라_ 창세기 25:29-30

준비물

늙은 호박, 찹쌀가루(1Ts), 소금(1/2Ts), 설탕(1Ts)

활동방법 :

1. 호박을 반을 자릅니다.
2. 자른 호박의 냄새, 씨앗 모양, 색깔 등을 관찰합니다.
3. 속살을 도려 냅니다.
4. 도려 낸 속살을 푹 삶아 줍니다.
5. 삶은 호박을 믹서기에 갑니다.
6. 다시 그릇에 담은 후 가열합니다.
7. 소금과 설탕 그리고 찹쌀가루를 넣어 끓인 후 기호에 맞춰 간을 합니다.

호박 Puree 만들기

1

2

3

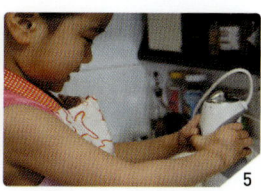
5

Genesis 22-1 *작은 앗네 이야기*

호박 그림 그리기

🖐 **준비물** : 속살을 도려 낸 호박, 매직

🖐 **활동방법** :

1 호박의 껍질에 매직으로 그림을 그립니다.

Genesis 22-2 *작은 앗네 이야기*

호박 등 만들기

🖐 **준비물** : 속살을 도려 낸 늙은 호박, 매직, 칼, 양초

🖐 **활동방법** :

1 속살을 도려 낸 늙은 호박 위에 연필로 그림을 그립니다.
2 밑그림을 보면서 그림의 선을 따라 칼로 자릅니다.
3 자른 호박 안에 양초를 넣습니다.

우리의 작품을 감상해요!

1

2

3-1

3-2

호박씨 심기

 준비물 : 속을 도려 낼 때 남은 호박씨, 접시, 물

 활동방법 :
1. 속을 도려 낼 때 나온 호박씨를 깨끗이 씻습니다.
2. 호박씨를 물에 담궈 하루 동안 불립니다.
3. 호박씨를 흙에 심습니다.

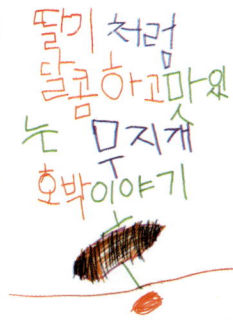

호박 성장 일지

 준비물 : 화일, 칼라 시트지나 색 테이프, 줄자, 종이

 활동방법 :
1. 호박의 줄기, 잎을 관찰합니다.
2. 자라는 호박의 줄기를 줄자로 잽니다.
3. 잰 길이만큼 칼라시트나, 색 테이프를 오립니다.
4. 종이 위에 칼라시트를 붙입니다.
5. 관찰한 날짜와 요일을 적습니다.

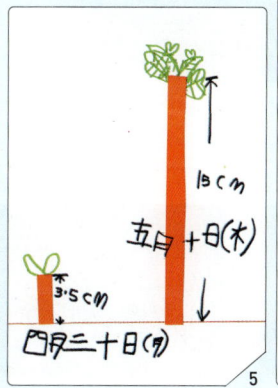

감자 키우기

야곱이 죽을 쑤었더니 에서가 들에서부터 돌아와서 심히 곤비하여 야곱에게 이르되 내가 곤비하니 그 붉은 것을 나로 먹게 하라 한지라 그러므로 에서의 별명은 에돔이더라_ 창세기 25:29-30

준비물

감자, 감자의 뿌리를 볼 수 있는 투명한 화분

 활동방법 :

1. 감자를 여러 조각으로 자릅니다.
2. 조각 난 감자를 땅 속에 심습니다. 이때 오목하게 들어간 부분이 땅 속으로 들어가도록 심습니다. (감자의 싹이 이 부분에서 자랍니다.)
3. 감자가 자라나는 모습을 관찰합니다.

감자의 뿌리를 관찰해 보면 실처럼 가느다란 뿌리와 굵은 줄기로 나뉘어집니다. 이 굵은 줄기를 덩이줄기라고 합니다. 감자의 잎은 뿌리에서 흡수한 물로 새로운 양분을 만들고 그 양분은 줄기를 통해서 다시 땅 속으로 보내지게 됩니다.

땅 속에 있는 덩이줄기는 잎에서 만들어 낸 양분을 먹고 감자를 열게 합니다. 감자에는 녹말이라는 영양분이 있습니다. 녹말은 하얀 가루로 되어 있는데 열이 가해지면 끈적끈적한 풀처럼 변합니다. 우리가 좋아하는 탕수육의 소스도 녹말을 넣어 만든 것이지요. 쌀, 고구마, 옥수수에도 있습니다. 또한 녹말은 우리 몸의 에너지를 만드는 데 중요한 역할을 합니다.

1

2

3-1

3-2

감자 관찰일지 만들기

 준비물 : 화일, 사인펜, 연필, 줄자

 활동방법 : 하루하루 감자가 변화되는 과정을 관찰합니다.
1. 줄자로 감자의 높이를 잽니다.
2. 줄자로 잎의 길이를 잽니다.
3. 일지 기록장에 감자의 줄기와 잎을 그립니다. 잰 높이와 같은 길이로 그림을 그립니다.
4. 감자의 길이가 얼마큼 자랐는지 감자줄기 그래프를 보며 이야기 나눕니다.

감자와 고구마 반으로 잘라 녹말 관찰하기

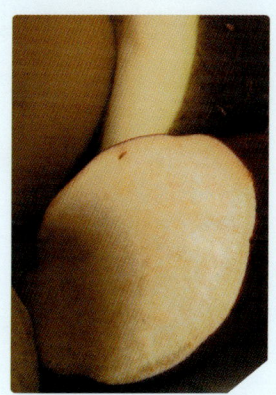

 준비물 : 감자, 고구마

 활동방법 :
1. 감자를 반으로 자릅니다.
2. 고구마를 반으로 자릅니다.
3. 5분 정도 지난 후 감자와 고구마의 속에서 나오는 녹말을 관찰합니다.
4. 녹말은 감자와 고구마 뿐 아니라 옥수수, 밀 등에도 있다는 것을 이야기합니다.

Genesis 23-3

감자잎 탁본하기

준비물 : 여러 가지 색깔의 물감, 붓, 팔레트, 물통, 한지, 감자잎

활동방법 :
1. 감자잎을 따서 잎맥이 거친 부분(뒷면)을 위로 향하게 놓습니다.
2. 원하는 색깔의 물감을 붓으로 칠합니다.
3. 한지를 물감 칠한 감자잎 위에 덮습니다.
4. 스펀지로 꼭꼭 누르며 문지릅니다.
5. 감자잎 모양이 나온 한지를 말립니다.
6. 감자잎 모양이 새겨진 한지를 오립니다.
7. 종이에 붙인 후 연결 그림을 그립니다.

Genesis 23-4

감자 도장 찍기

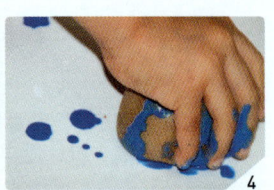

준비물 : 감자, 칼, 물감, 붓, 팔레트, 물통, 종이

활동방법 :
1. 감자를 반으로 자릅니다.
2. 자른 면 안쪽 부분에 칼로 모양을 만들어 팝니다.
3. 붓으로 감자의 안쪽 면을 칠합니다.
4. 종이 위에 감자 도장을 찍습니다.
5. 여러 모양의 감자 도장을 만들어서 찍습니다.

감자 관찰하기

 **준비물** : 감자, 감자를 담을 통 3개, 랩, 소금

 **활동방법** :

1. 감자를 깍둑썰기 합니다.
2. 썬 감자를 통에 나눠 넣습니다.
   첫 번째 통은 감자가 공기 중에 노출된 통에 넣습니다.
   두 번째 통은 감자가 소금물에 완전히 잠긴 통에 넣습니다.
   세 번째 통은 감자에 랩을 씌워 공기 중에 노출을 차단한 후 통에 넣습니다.
3. 어떤 통에 넣은 감자의 색이 변화가 될지 이야기합니다.
4. 껍질을 깎은 감자, 랩을 씌운 감자, 소금물에 담은 감자를 이틀간 보관합니다.
5. 이틀 후에 변한 감자들을 보며 관찰일지를 작성합니다.

감자 그라땅 만들기

 **준비물** : 감자(중4개), 소금 약간, 스파리러리 또는 스파게티면, 베이컨(2장), 대파(2줄기), 양파(반 개), 버터(2Ts), 피자 치즈

 **활동방법** :

1. 감자를 끓는 소금물에 익힙니다. (1cm 두께로 넓적하게 썰어 준다.)
2. 스파리러리도 삶습니다.
3. 베이컨, 대파, 양파를 버터에 볶습니다.
4. 오븐 그릇에 예쁜 모양으로 준비한 재료들을 담고 피자 치즈를 듬뿍 뿌립니다.
5. 오븐에 피자 치즈가 스르르 녹을 때까지 굽습니다.

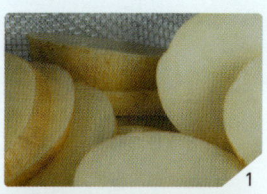

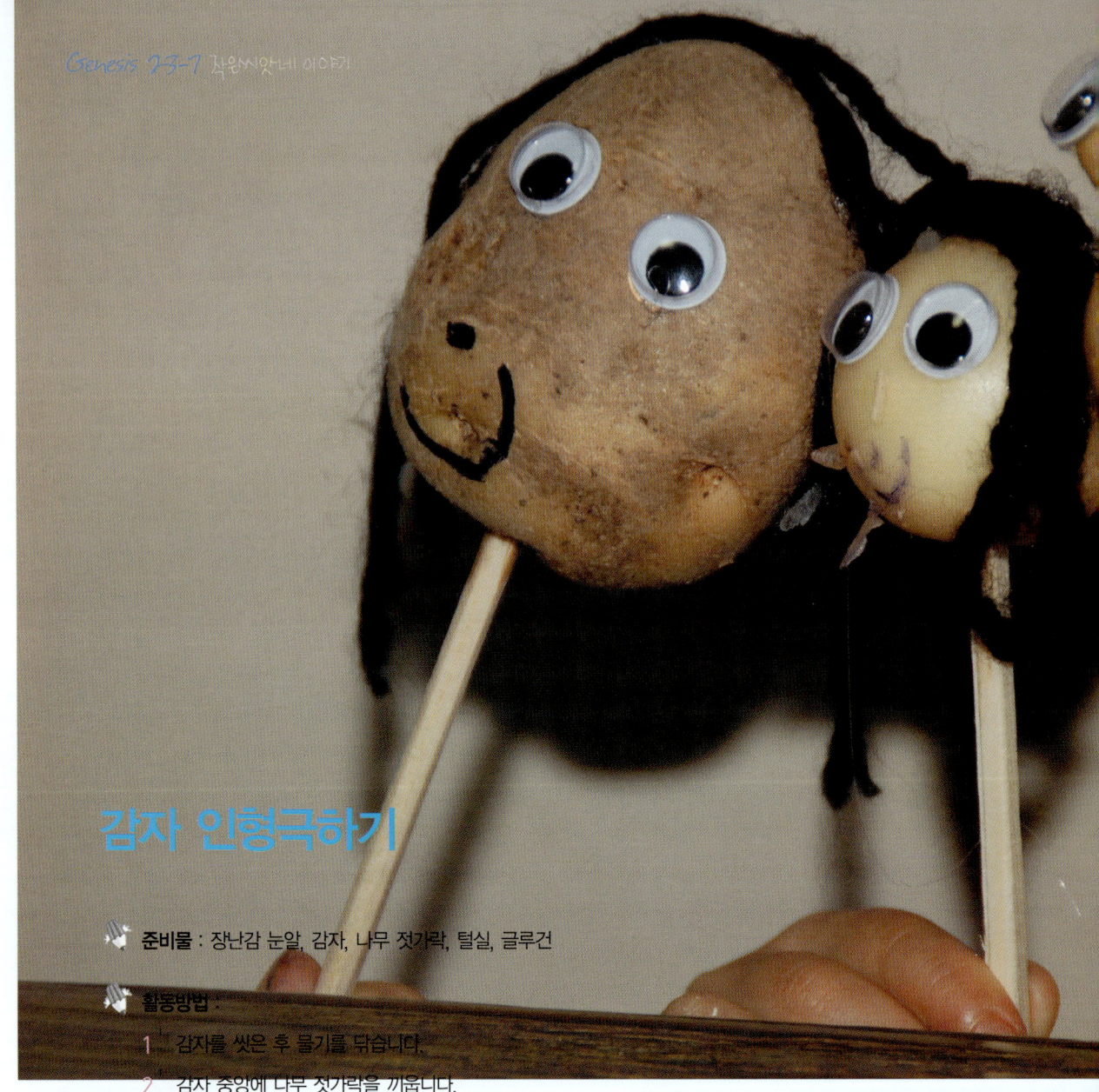

감자 인형극하기

👋 **준비물** : 장난감 눈알, 감자, 나무 젓가락, 털실, 글루건

👋 **활동방법** :

1. 감자를 씻은 후 물기를 닦습니다.
2. 감자 중앙에 나무 젓가락을 끼웁니다.
3. 감자에 장난감 눈알을 글루건으로 붙입니다.
4. 매직으로 입을 그립니다.
5. 털실을 글루건으로 붙여서 머리를 만듭니다.
6. 감자 인형을 가지고 인형극을 꾸밉니다.

감자 밭에 감자네 가족이 살고 있었습니다. 감자네 가족은 엄마, 코코, 그리고 못생긴 콩다리였습니다. 엄마는 귀엽고 예쁜 코코 언니만 좋아했습니다.

엄마 : 코코야, 엄마가 주는 맛있는 양분을 잘 먹고 자라렴. 우리 예쁜이.

하지만 콩다리는 매일 엄마에게 야단만 맞았습니다.

엄마 : 콩다리야. 넌 어쩜 그리 못생겼니? 못생겼으면서 양분은 왜 이렇게 많이 먹는 거야? 어쩜 울퉁불퉁하게 얼굴이 두 개나 있고, 정말 못생겼어.

코코 : 엄마, 저도 콩다리가 싫어요. 저와 같이 형제라는 게 진짜 창피해요.

콩다리 : 잉잉잉. 난 왜 이렇게 못생긴 거야. 너무 슬퍼요.

그러던 어느 날, 감자 밭의 주인인 혜미, 율미, 소미는 감자를 캐내어 흙 속에 있는 작은 감자들을 살피기 시작했어요.

혜미 : 쓸 만한 감자들을 모두 골라서 맛있게 먹자.

율미, 소미 : 좋아요, 좋아. 나는 감자 차를 만들어서 마실 거예요. 나는 감자 그라탕을 만들 거예요.

혜미와 율미, 소미가 감자를 캐내던 중 동글동글 감자가 두 개 붙어 있는 콩다리를 발견했습니다. 콩다리는 혜미, 율미, 소미가 못생긴 감자라고 놀릴까봐 얼굴을 들지도 못하고 부끄러워 고개만 푹~ 숙이고 있었습니다.

율미 : 언니, 이것 좀 봐. 눈사람 감자다.

혜미 : 이야. 내가 좋아하는 눈사람 슈슈같아.

소미 : 예쁘다. 예쁘다.

혜미, 율미, 소미는 눈사람처럼 감자 두 개가 붙어 있는 콩다리를 '슈슈'라고 부르며 예뻐해 주었어요. 이것을 본 엄마 감자와 코코 감자는 감자밭 흙 속에 있을 때 콩다리를 미워했던 게 너무 부끄럽고, 창피했어요.

엄마 감자, 코코 감자 : 콩다리야, 우리가 미안해. 너 못생겼다고 놀린 거 미안해. 정말 다시 보니 너 참 예쁘게 생겼다. 우리도 이제 널 슈슈라고 불러 줄게. 넌 감자 중에서 가장 예쁜 눈사람 슈슈 감자야.

슈슈 감자는 정말 행복했어요. 이젠 못생겼다고 울지 않기로 했답니다.

Genesis 24

작은 정원 만들기

| 야곱이 죽을 쑤었더니 에서가 들에서부터 돌아와서 심히 곤비하여 야곱에게 이르되 내가 곤비하니 그 붉은 것을 나로 먹게 하라 한지라 그러므로 에서의 별명은 에돔이더라_ 창세기 25:29-30

준비물

화분으로 사용할 상자(플라스틱 상자), 흙, 비닐종이, 씨앗, 양파망, 인두 또는 송곳

 활동방법 : 나무 상자일 경우

1. 화분으로 사용할 상자 위에 비닐종이를 깔아 줍니다.
2. 비닐종이를 높게 해주어야 물이 밖으로 빠져 나가지 않습니다.
3. 비닐종이 위에 흙을 담습니다.
4. 심고자 하는 씨앗을 심습니다.
5. 촉촉하게 물을 붓습니다.

활동방법 : 플라스틱 상자일 경우

1. 플라스틱 상자의 바닥에 인두로 구멍을 뚫습니다.(인두가 없을 경우 송곳을 불에 달구어 구멍을 뚫어 줍니다.)
2. 양파망을 바닥에 깝니다.
3. 흙을 담습니다.
4. 씨앗을 심습니다.

화초 이름표 만들기

👋 준비물 : 종이, 가위, 코팅지 또는 투명 시트지, 빨대, 스카치테이프

👋 활동방법 :

1. 종이를 원하는 크기로 자릅니다.
2. 종이 위에 화초의 이름을 적고 가위로 자릅니다.
3. 자른 종이를 코팅합니다. (코팅지가 없을 경우 투명 시트지를 사용합니다.)
4. 코팅한 이름표를 잘 다듬어 준 후 뒷부분에 빨대를 대고 스카치테이프로 붙입니다.

하드막대를 이용하여 만들 수도 있습니다. 어린이들이 먹고 남은 하드막대를 깨끗이 씻어 말린 후 사용하세요.

Genesis 25

새 모이통 만들기

| 저녁 때에 비둘기가 그에게로 돌아왔는데 그 입에 감람 새 잎사귀가 있는지라 이에 노아가 땅에 물이 감한 줄 알았으며_ 창세기 8:11

준비물

칼, 송곳, 빈 우유 곽, 끈 또는 털실, 새 모이

활동방법 :

1. 빈 우유 곽을 깨끗이 씻어서 말린 다음 곽 윗부분을 잘라냅니다.
2. 우유곽 윗 부분에 구멍을 뚫어 끈을 달아 줍니다.
3. 상자의 네 면 가운데 부분을 2.5cm정도 남기고 잘라냅니다.
4. 상자 바닥에 새 모이를 놓습니다.
5. 새들이 다닐 만한 곳을 찾아 (숲 속이나 집 앞 나무) 상자를 매답니다.
6. 새들이 날아와 모이를 먹는 것을 관찰합니다.

우리의 작품들 감상해요!

3

4-1

4-2

5

작은씨앗네 이야기 Genesis 25-1

솔방울 모이통

 준비물 : 끈, 솔방울, 칼, 땅콩 버터

 활동방법 :
1. 솔방울 꼭지에 끈을 맵니다.
2. 땅콩 버터를 솔방울 주위에 바릅니다. 새는 땅콩과 같은 씨앗류를 좋아하기 때문에 땅콩 버터도 잘 먹는다는 것을 설명합니다.
3. 나뭇가지에 솔방울을 매달고 관찰합니다.

작은씨앗네 이야기 Genesis 25-2

직접 새 모이 주기

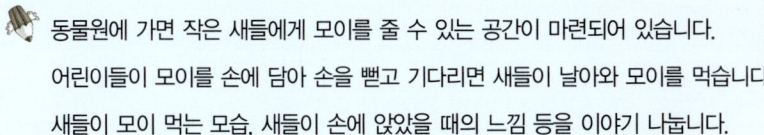 동물원에 가면 작은 새들에게 모이를 줄 수 있는 공간이 마련되어 있습니다. 어린이들이 모이를 손에 담아 손을 뻗고 기다리면 새들이 날아와 모이를 먹습니다. 새들이 모이 먹는 모습, 새들이 손에 앉았을 때의 느낌 등을 이야기 나눕니다.

Genesis 7:6

새 부리가 되어 핀셋으로 옮겨 보기

| 또 칠 일을 기다려 비둘기를 내어 놓으매 다시는 그에게로 돌아오지 아니하였더라_ 창세기 8:12

준비물

핀셋, 작은 씨앗들, 같은 모양의 그릇

활동방법 :

1. 그릇에 씨앗들을 담습니다.
2. 핀셋을 이용해서 한 쪽 그릇에 담겨진 씨앗들을 다른 쪽 그릇에 옮깁니다.
3. 씨앗을 좋아하는 새들은 핀셋과 같은 일을 하는 짧은 부리를 가지고 있다는 것을 이야기 나눕니다.

 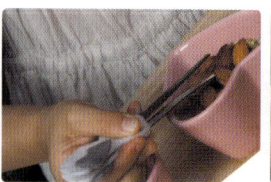 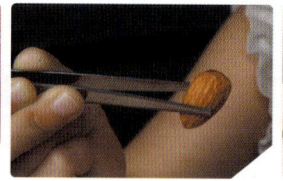 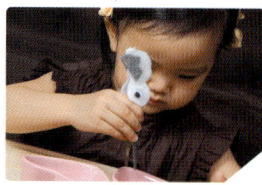

새 부리 체험하기

작은씨앗네 이야기 *Genesis 26-1*

동물원에 가서 새 부리 관찰하기

동물원에 가서 새의 부리를 관찰합니다. 그들의 부리를 보며 어떤 종류의 음식들을 좋아하는지를 이야기 나눕니다.

알책 만들기

| 또 칠 일을 기다려 비둘기를 내어 놓으매 다시는 그에게로 돌아오지 아니하였더라_ 창세기 8:12

준비물

계란, 식초, 털실, 종이, 딱풀, 강력접착제

 활동방법 :

1. 식초를 넣은 물에 계란을 삶습니다.
2. 완숙이 된 계란을 꺼낸 후 찬물에 담급니다.
3. 물기를 닦은 후 계란의 겉면에 딱풀 바른 한지를 붙입니다.
4. 한지가 마르면 계란을 거의 반으로 자릅니다. (이때 전부 자르지 않고 뚜껑이 열릴 정도로 한쪽면 2cm 정도만 남겨 놓습니다.)
5. 계란 속의 내용물을 빼냅니다.
6. A4용지를 가로로 길게 (3cm×20cm) 잘라 지그재그로 접습니다.
7. 종이에 닭의 성장과정을 그리거나 글을 씁니다.
8. 강력접착제로 글과 그림이 적힌 종이를 계란의 오목한 안쪽 면에 붙입니다. 그러면 한지가 붙어 있는 계란 껍질이 책 표지처럼 됩니다.
9. 마무리로 계란의 뚜껑 앞쪽에 털실이 들어갈 만한 구멍을 내준 후 묶습니다. 양쪽 털실을 서로 묶어 벌어지는 표지를 오므리게 합니다.

4

7

계란 인형 만들기

 준비물 : 삶은 계란, 크레용, 털실, 종이컵

 **활동방법** :

1. 삶은 계란 위에 크레용으로 얼굴 그림을 그립니다.
2. 머리카락을 붙이기 위해 계란 위쪽에 양면 테이프를 붙입니다.
3. 털실을 잘라서 머리카락 모양으로 만듭니다.
4. 털실을 양면 테이프 위에 붙입니다.

계란 쿠키 만들기

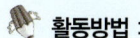 **준비물** : 박력분(140g), 버터(100g), 슈가 파우더(90g), 베이킹 파우더(1/2ts), 소금 약간, 달걀 1개 + 노른자 1개, 견과류

활동방법 :

1. 버터를 전자렌지에 넣은 후 40초를 돌립니다.
2. 녹인 버터에 달걀을 넣어 거품기로 젓습니다.
3. 베이킹 파우더, 박력분, 소금 약간, 슈가 파우더를 넣고 함께 섞습니다.
4. 짤주머니에 넣어 오븐팬 위에 짜 놓습니다.
5. 높이 올라간 반죽들은 스푼으로 눌러서 최대한 얇게 만듭니다.
6. 짤주머니에서 짜낸 반죽 위에 견과류로 장식을 합니다.
7. 오븐에 넣어 170도에서 10분 굽습니다.
8. 꺼낸 쿠키는 식힘망에서 살짝 식힙니다.

Genesis 28

여러 종류의 새 알 관찰하기

| 또 칠 일을 기다려 비둘기를 내어 놓으매 다시는 그에게로 돌아오지 아니하였더라_ 창세기 8:12

준비물

오리알, 메추리알, 계란

활동방법 :

1. 오리알, 메추리알, 계란을 삶습니다.
2. 삶은 알들을 보며 새의 종류에 따라 알의 모양과 크기, 색깔이 모두 다르다는 것을 이야기 나눕니다.
3. 세 알들의 껍질을 깝니다.
4. 반으로 자른 후 알 속의 모양에 대해서 살펴봅니다.
5. 살펴본 알들을 먹어 보고 맛은 어떤지도 이야기 나눕니다.

여러 모양의 새 알을 관찰해요!

1

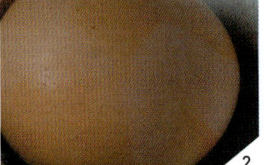
2

4

뻐꾸기와 붉은머리오목눈이

글 : 작은씨앗 이은경 | 그림 : 박혜미, 박율미

어느 깊은 숲 속에 게으르고 뻔뻔한 어미 뻐꾸기 알리스가 살았어요. 다른 새들은 암컷 뱃 속의 알이 나오기 전에 부지런히 둥지도 만들고, 어린 알들을 맞이할 준비를 하는데, 뻐꾸기 알리스는 아무것도 하지 않는 거예요. 그저 흰 꽁지를 부리로 보듬으며 하는 일 없이 놀기만 했어요. 무아조라는 이름의 때까치 한 마리가 그걸 보더니 한심한 듯 말했어요.
"알리스씨, 원래 뻐꾸기는 알 낳기 전에 그렇게 한가한가요?"
"무아조씨, 때까치들이 왜 그렇게 참새처럼 생겼나 했더니, 참견이 많아서 참새처럼 생긴 거군요!"
알리스의 말에 기분이 나빠졌지만 때까치 무아조는 말했어요.
"전 그저 알리스씨가 아가 새들과 생활할 둥지 만들 준비도 안하니까 걱정되서 물어본 거예요."
"참견 말아요. 우린 방법이 다 있으니까."
때까치 무아조는 고개를 갸웃거리며 푸드덕 날아갔어요. 해가 질 때까지 빈둥거리던 뻐꾸기 알리스는 주기적으로 배가 아파왔어요. 아무래도 알이 나올 것 같군요. 한여름의 밤은 풀벌레들이 날아다니는 소리만 들릴 뿐 참 고요했어요. 이리저리 고개를 돌려보던 알리스는 배가 조금 덜아플 때 앉아 있던 관목 가지에서 힘껏 날아올랐어요. 예전에 봐두었던 붉은머리오목눈이새 루지유씨네 둥지 쪽으로 날아갔어요. 뱁새라고 불리기도 하는 붉은머리오목눈이새 루지유씨는 마침 둥지를 비운 상태로군요.
"으흣~ 어딘가로 먹이를 구하러 가셨나보군. 부지런하기도 하지. 고마운 저 새 둥지에 알을 낳아야겠다. 오목머리붉은눈인지, 붉은머리오목눈인지 알게 뭐람."
숲 저편 어디선가 알리스처럼 암컷 뻐꾸기 우는 소리가 들립니다. "삐삐삐삐~" 힘주어 알을 낳고 있던 뻐꾸기 알리스는 불평합니다.
"나도 암컷 뻐꾸기지만 이름부터 뻐꾸기인 우리가 저렇게 삑삑 거리면서 울어서 되겠어? 수컷처럼 뻐꾹~ 뻐꾹 이래야 폼이 좀 나지."
잠시 후 동그랗고, 단단하게 생긴 알이 촉촉히 젖은 채 나왔습니다. 뻐꾸기의 알은 붉은머리오목눈이새 루지유씨가 낳은 다른 알보다 훨씬 컸습니다. 뻐꾸기 알리스는 흐뭇한 표정으로 자기 알을 바라보았습니다.
"역시 내 알답다. 네가 제일 크구나. 잘 커라. 화이팅!"
알 하나만 남겨둔 채 아무 일 없었던 것처럼 알리스는 여름밤 숲 속으로 훌쩍 사라져 버렸습니다. 잠시 후 붉은머리오목눈이새 루지유씨가 둥지 곁으로 날아왔습니다. 이제껏 없던 커다란 알이 하나 더 생겼지만 붉은머리오목눈이새 루지유씨는 의심하지 않았어요.
"우리 아가들 중의 하나가 특별히 빨리 크는 모양이구나. 기특하기도 해라."
붉은머리오목눈이새 루지유씨는 뻐꾸기 알리스씨가 낳아 놓고 간 알과 자신의 알을 다정하게 품어 주었지요. 뻐꾸기 알리스씨가 알을 놓고 간 지 보름이 훌쩍 지났어요. 알리스씨의 알이 루지유씨의 알들보다 며칠 늦게 깨어났군요. 뒤늦게 알에서 나오긴 했지만 체격이 훨씬 큰 수컷 뻐꾸기에게 루지유씨는 세잘이라는 이름을 지어줬어요. 세잘은 날갯

짓도 훨씬 힘차고, 먹이를 받아먹는 입도 루지유씨네 새끼새들보다 몇배나 컸어요. 열을 여도 채 지나지 않아 붉은머리오목눈이새 루지유씨보다 더 커진 세잘. 이제 날카로운 발톱을 세운 채 두 발을 버둥거려서 둥지 안의 다른 새들을 땅바닥으로 밀어버리기까지 하는군요.

"이러지마. 이러지마. 꺅. 꺅"

"다들 비켜. 여긴 나 혼자 있기에도 비좁다구!"

결국 뻐꾸기 세잘은 그 둥지의 왕처럼 홀로 남았어요. 가엾게도 붉은머리오목눈이새 루지유씨는 자신의 새끼새들은 모두 잃고 말았네요. 착하고, 불쌍한 붉은머리오목눈이새 루지유씨가 바쁘게 물어다 주는 먹이만을 받아먹으며 뻐꾸기 세잘은 무럭무럭 컸어요. 어느날 저녁 퍼덕퍼덕 날갯짓을 해 보던 세잘은 날 수 있을 것 같았어요.

"이상하게 기운이 펄펄 나는 걸. 이 정도면 날 수 있을 것 같아. 한 번 날아 볼까?"

붉은머리오목눈이새 루지유씨는 그간 먹성 좋은 세잘을 위해 너무도 열심히 먹이를 구해다 주어서 자신을 돌볼 틈이 없었어요. 윤기 있던 갈색털도 듬성듬성 엉망이 되었고, 반짝이던 눈의 총기도 사라졌어요. 기운이 빠진 루지유씨는 둥지 윗편 나뭇가지에 앉아 둥지에서 퍼덕거리는 뻐꾸기 세잘을 내려다 보았어요. 아무래도 달이 머리 위로 뜨기 전에 날아오를 것 같군요. 몰려오는 피곤에 잠시 고개를 숙였던 붉은머리오목눈이새 루지유씨는 세잘이 어디론가 날아가 버린 걸 알아차립니다. 고맙다는 말 한마디 없이 사라지다니, 참으로 은혜도 모르는 새군요.

개울 건너 숲 저편에서는 뻐꾹새 알리스씨가 노랑할미새 그랑트리씨네의 둥지에 알을 놓고 도망치려다 아빠 노랑할미새 그랑트리씨에게 들통나 혼쭐이 났습니다. 노랑할미새 그랑트리씨는 그랑트리 부인에게 늘 다정한 남편이자, 노랑색 배가 맵씨있는 멋쟁이 새였어요. 뻐꾹새 알리스를 쫓아내고서 노랑할미새 부부는 알들이 잘 있나 다시 한번 살펴보았어요.

"감히 우리집을 넘보다니!"

"그러게요.? 얼마 전엔 힝둥새 로키씨네 둥지랑, 붉은머리오목눈이새 루지유씨네도 알을 놓고 도망갔다는 소문이 숲에 파다해요."

"다음 번에 또 우리 둥지를 넘보면 더욱 혼을 내줘야겠소."

노랑할미새 그랑트리씨에게 혼이 난 뻐꾸기 알리스는 투덜대며 날아갔어요.

"별 것도 아닌 걸 가지고 그렇게 성질을 내다니. 알 한두 개 놓을 자리 빌려주면 큰 일 나? 노랑 구두쇠 같으니."

"이 예쁜 잿빛 털 다 뽑히는 줄 알았네. 흥!"

숲 저켠에서 오늘 처음 날게 된 수컷 뻐꾸기 세잘이 우는 소리가 들립니다.

"뻐꾹~듬. 뻐꾹~듬듬 뻐꾹!"

"무슨 수컷 뻐꾸기가 저렇게 우는 소리가 어설퍼! 아주 형편없군. 저래서야 어떤 암컷들이 마음 설레겠어!"

자기가 낳은 아들 뻐꾸기 세잘이 우는 건 줄도 모르고, 게으르고 뻔뻔한 뻐꾸기 알리스는 불평하며 훨훨 날아갔습니다.

 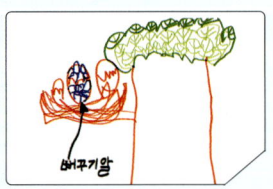

Genesis 29

메추리 알을 찾아라

| 또 칠 일을 기다려 비둘기를 내어 놓으매 다시는 그에게로 돌아오지 아니하였더라_ 창세기 8:12

준비물

삶은 메추리 알 10개, 바구니

 **활동방법** :

1. 삶은 메추리 알을 집 안 구석구석에 숨겨 놓습니다. (방 안이 넓을 경우 영역을 정해 두고 그곳에서 숨기기 놀이를 하면 어린이들이 찾기가 수월합니다.)
2. 어린이는 바구니를 들고 메추리 알을 찾습니다.
3. 다 찾은 후 몇 개의 메추리 알을 찾았는지 바구니에서 꺼내며 셉니다.

1-1

1-2

1-3

3

작은 씨앗네 이야기 77

Genesis 30

껍질 빻기 놀이

| 또 칠 일을 기다려 비둘기를 내어 놓으매 다시는 그에게로 돌아오지 아니하였더라_ 창세기 8:12

준비물

계란껍질, 미니 절구통, 붓, 작은 그릇

 활동방법 :

1. 사용한 계란 껍질들을 모아 깨끗이 씻은 후 말립니다.
2. 말린 껍질들을 미니 절구통에 넣고 빻습니다.
3. 곱게 빻은 계란 껍질 가루를 작은 그릇에 담습니다.

계란 껍질 가루 이용법
- 화초에 비료 주기 : 가정에서 키우는 화초의 비료로 사용할 수 있습니다. 어린이들이 빻은 계란 껍질을 직접 화분의 흙 위에 뿌립니다.

계란 껍질을 빻아 보세요!

1

2-1

2-2

3

움직이는 새 만들기

| 또 칠 일을 기다려 비둘기를 내어 놓으매 다시는 그에게로 돌아오지 아니하였더라_ 창세기 8:12

준비물

랩 속지(혹은 호일 속지), 색종이, 스카치테이프, 가위, 칼

활동방법 :

1. 원통 모양으로 된 랩 속지를 가로 2cm 정도 남기고 칼로 자릅니다. (입이 벌어질 수 있도록 만드는 것입니다.)
2. 색종이를 반으로 접습니다.
3. 반으로 접은 선을 따라 반으로 자릅니다.
4. 두 개의 삼각형을 각각 반으로 접습니다.
5. 각각 삼각형 모양이 된 두 개의 색종이 중 하나를 잘라서 틈이 생긴 랩 속지 위 쪽에 붙입니다.
6. 나머지 삼각형 색종이는 자른 랩 속지 아래에 붙입니다.
7. 눈을 만들어서 붙입니다.
8. 날개와 발톱을 그려서 붙입니다.
9. 손잡이를 만들기 위해 세로12cm 가로 2cm의 종이를 오려 붙입니다.
10. 손잡이를 잡아 당기면 부리가 움직입니다.

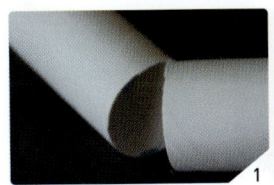   

Genesis 32

나무 막대로 오십 의인 수 세기

| 여호와께서 가라사대 내가 만일 소돔 성 중에서 의인 오십을 찾으면 그들을 위하여 온 지경을 용서하리라_ 창세기 18:26

준비물

나무 젓가락 50개, 스카치테이프, 고무줄

 활동방법 :

1. 나무 젓가락을 50개 구입합니다.

2. 숫자 놀이를 하는 동안 나무 젓가락이 벌어져 버리지 않도록 나무 젓가락의 윗 부분, 아랫 부분을 스카치테이프로 돌려 감습니다.

3. 나무 젓가락을 하나부터 오십 개까지 셉니다.

4. 나무 젓가락을 10개씩 고무줄로 감아서 10의 막대를 만듭니다. 그리고 다시 한번 수를 셉니다. (10, 20, 30, 40, 50)

5. 10의 막대들을 이용해서 경우의 수대로 오십 의인을 만듭니다.

   10+40=50 / 20+30=50 / 30+20=50 / 40+10=50

6. 만약 소돔과 고모라성에 50명의 의인이 있었다면 어땠을지를 이야기 나눕니다.

2

3

4

나무 막대로 공부해요!

나무 젓가락(또는 하드막대)을 이용한 뺄셈

 준비물 : 나무 젓가락 50개, 스카치테이프, 고무줄

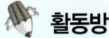 **활동방법** :

1. 50의 막대를 이용하여 뺄셈을 합니다.
2. 10의 묶음 다섯 개를 놓습니다. 낱개 5개를 뺍니다.

    50-5=45

    몇 개인지 셉니다. 같은 방법으로 아래의 뺄셈을 합니다.

    50-40=10 / 50-30=20 / 50-20=30 / 50-10=40

덧셈, 뺄셈 문제 직접 만들기

 준비물 : 나무 젓가락 50개, 스카치테이프, 고무줄, 종이

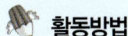 **활동방법** :

1. 종이에 덧셈과 뺄셈의 문제를 어린이가 직접 적습니다.
2. 나무 젓가락을 이용하여 덧셈과 뺄셈을 합니다.

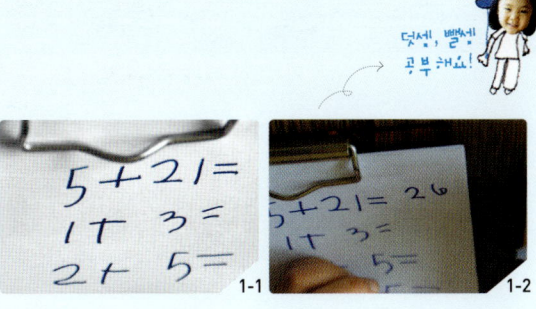

1-1 1-2

남성분들 쿠키를 만들어보세요!

막대를 이용하여 봉봉쿠키 만들기

● 간단한 방법

 준비물 : 시중에 판매하는 담백한 쿠키, 초콜릿, 하드막대

활동방법 :
1. 초콜릿을 중탕합니다.
2. 담백한 쿠키의 한쪽 면에 녹은 초콜릿을 바릅니다.
3. 초콜릿 위에 하드막대를 얹습니다.
4. 담백한 쿠키 한 장을 더 하드막대 위에 얹습니다.
5. 초콜릿을 굳힙니다.
6. 하드막대의 아랫부분을 리본으로 장식합니다.

● 직접 쿠키를 구워서 만드는 방법

 준비물 : 연유(160g), 버터(80g), 박력분(260g), 베이킹 파우더(2Ts), 우유(1Ts), 소금 약간, 견과류, 라즈베리

활동방법 :
1. 버터를 중탕해서 녹입니다.
2. 버터에 연유를 넣고 젓습니다.
3. 박력분에 소금과 베이킹 파우더를 넣습니다.
4. 수제비를 반죽하듯이 2와 3을 잘 반죽합니다.
5. 반죽을 1시간 정도 냉장고에서 휴지시켜줍니다.
6. 1시간 후 냉장고에서 꺼낸 반죽을 밀대로 살살 폅니다.
7. 모양틀을 이용해 모양을 찍어냅니다.
8. 모양이 나온 반죽을 조심스레 팬에 올립니다.
9. 팬 위에 올려진 반죽 위에 여러 모양의 견과류를 눌러 얹습니다.
10. 오븐에서 180도에 10분을 굽습니다.

● 봉봉쿠키 만드는 방법은

1. 반죽을 모양틀로 찍을 때 같은 모양을 두 개씩 만들어 구워 냅니다.
2. 초콜릿을 중탕해서 녹입니다.
3. 하나의 모양에 초콜릿을 바르고 하드막대 올려놓고, 다시 초콜릿 바른 후 같은 모양의 쿠키를 살짝 얹어 줍니다.
4. 그리고 굳힙니다.
5. 쿠키 속 초콜릿이 완전하게 굳으면 리본으로 막대를 묶습니다.

Genesis 33

호두 옮기기

| 여호와께서 가라사대 내가 만일 소돔 성 중에서 의인 오십을 찾으면 그들을 위하여 온 지경을 용서하리라_ 창세기 18:26

준비물
볼이 넓은 숟가락(혹은 집게), 호두, 계란판

활동방법 :

1 숟가락(집게)으로 호두를 뜹니다.
2 숟가락에 있는 호두를 계란판 홈에 하나씩 채워 넣습니다. (준비한 호두를 집게로 집습니다.)

재미있는
호두
옮기기

1-1

1-2

2-1

2-2

분유통에 호두 넣기

 준비물 : 분유통, 칼, 호두

 활동방법 :

1. 사용한 분유통을 깨끗이 씻어 말립니다.
2. 분유통 뚜껑에 호두가 들어갈 만큼 칼로 구멍을 뚫습니다.
3. 호두를 하나씩 분유통 뚜껑의 구멍 속에 넣습니다.
4. 넣으면서 숫자를 천천히 셉니다.

호두를 이용한 덧셈 놀이

 준비물 : 계란판, 덧셈 문제집

 활동방법 :

1. 덧셈에 대한 기본 개념인 합쳐진다는 것을 이야기합니다.
2. 계란판 두 개를 합쳐 한 줄의 긴 덧셈판을 만듭니다.
3. 문제집의 숫자를 보고 덧셈을 합니다.
4. 2+3를 더할 경우 우선 앞 쪽의 숫자 2의 호두를 계란판에 넣습니다.
5. 3의 호두를 계란판에 넣습니다.
6. 계란판에 들어간 호두가 모두 몇 개인지 셉니다.

Genesis 33-3 작은씨앗너 이야기

호두를 이용한 요리 - 호두 강정 만들기

준비물 : 호두 3컵(종이컵 분량), 설탕(4Ts), 물(4Ts), 소금(1ts) 시럽 설탕(4Ts), 물(4Ts), 소금 약간

활동방법 :

1. 냄비에 물을 끓입니다.
2. 끓는 물에 소금 1ts을 넣습니다.
3. 호두 3컵을 끓는 물에 넣습니다.
4. 5분간 끓입니다.
5. 삶아진 호두를 건져내 물기를 뺍니다.
6. 시럽을 만듭니다.
7. 설탕 4Ts, 물 4Ts과 약간의 소금을 넣고 끓입니다.

   처음엔 센 불로 하다가 약한 불로 불 조절을 합니다. (너무 센 불에 졸이면 시럽이 타 버려요. 끓이는 중에는 시럽을 젓지 마세요.)

   만들어진 시럽에 삶아져 건져 낸 호두를 넣고 함께 졸여 줍니다.
8. 오븐팬 바닥에 올리브 오일을 바릅니다.
9. 졸인 호두를 하나하나 오븐팬 위에 얹습니다.
10. 오븐 210도에 5-7분 정도 굽습니다.

    이때 주의해야 할 것은 호두가 금세 탈 수 있으니 바닥면을 잘 살펴주어야 합니다.

    가끔씩 살짝 뒤집어 보고 어느 정도 구워졌는지 확인합니다.
11. 강정이 바삭하게 구워졌으면 오븐에서 꺼낸 후 팬 위에서 식힙니다.

6

7

9

11

호두강정 만들기, 재미있어요!

조개를 이용한 수 세기 놀이

| 여호와께서 가라사대 내가 만일 소돔 성 중에서 의인 오십을 찾으면 그들을 위하여 온 지경을 용서하리라_창세기 18:26

준비물

두꺼운 도화지, 매직, 가위, 자

활동방법 :

1. 두꺼운 도화지 (가로 4.5cm, 세로 6.5cm) 9장을 준비합니다.
2. 1의 숫자 카드 1-9까지를 만듭니다. (매직으로 숫자를 적습니다.)
3. 두꺼운 도화지 (가로 9cm, 세로 6.5cm) 9장을 준비합니다.
4. 10의 숫자카드 10-90까지를 만듭니다. (매직으로 숫자를 적습니다.)
5. 두꺼운 도화지 (가로13.5cm, 세로 6.5cm) 9장을 준비합니다.
6. 100의 숫자카드 100-900까지를 만듭니다. (매직으로 숫자를 적습니다.)

〈숫자 카드 만들기〉

  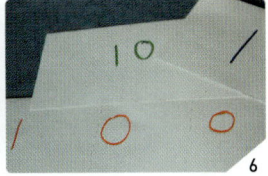

카드를 만들어 보세요!

Genesis 34-1 작은씨앗네 이야기

수 조개 만들기

 준비물 : 세 종류의 조개 껍질

 활동방법 :

1. 집에서 먹고 남은 조개 껍질을 모읍니다.
2. 깨끗이 닦아 말립니다.
3. 가장 큰 조개를 100의 조개라고 합니다.
   두 번째 큰 조개를 10의 조개라고 합니다.
   세 번째 조개를 1의 조개라고 합니다.
4. 세 종류의 조개를 각각의 병에 담습니다.

Genesis 34-3 작은씨앗네 이야기

수 조개 덧셈 놀이

선행학습이 익숙해진 후에 수 조개 덧셈 놀이 활동을 합니다.

 준비물 : 수 조개, 덧셈 문제집, 연필, 쟁반

 활동방법 :

1. '31+12= ? '라는 문제가 있을 때
2. 31개의 조개를 찾습니다. (10의 조개 3개와 1의 조개 1개)
3. 12개의 조개를 찾습니다. (10의 조개 3개와 1의 조개 1개)
4. 위의 2, 3을 합칩니다. (덧셈은 수가 합쳐진 것이라는 걸 이야기합니다.)
5. 10의 조개 4개와 1의 조개 3개가 43이 된 것을 확인합니다.
6. 1의 문제 옆에 답을 적습니다.

숫자 카드의 수만큼 조개 고르기

 준비물 : 숫자 카드, 크기별 조개, 쟁반

 활동방법 :

1. 1-9까지의 숫자 카드를 세로로 나열합니다.
   10-90까지의 숫자 카드를 세로로 나열합니다.
   100-900까지의 숫자 카드를 세로로 나열합니다.

숫자카드 고르기

1. 예를 들어 24라고 할 경우 숫자 카드 20과 4를 고릅니다.
2. 두 개의 숫자 카드를 포개어 24라는 카드를 만듭니다.
3. 숫자 카드에 적힌 수에 맞게 조개를 고릅니다.
4. 24에 해당하는 10의 조개 2개와 1의 조개 4개를 집어 쟁반에 담습니다.
5. 숫자 카드와 수 조개의 수가 맞는지 확인합니다.

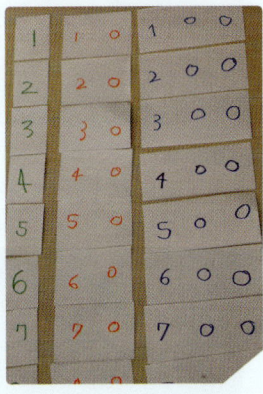

Genesis 35

무교병 만들기

롯이 간청하매 그제야 돌이켜서 그 집으로 들어 오는지라 롯이 그들을 위하여 식탁을 베풀고 무교병을 구우니 그들이 먹으니라_ 창세기 19:3

준비물

밀가루 2컵, 물, 밀대

 활동방법 :

1. 밀가루에 물을 넣어 반죽합니다. (칼국수를 만들 때와 같은 느낌으로 반죽합니다.)
2. 냉장고에서 30분 정도 휴지시킵니다.
3. 반 주먹정도 떼어내어 밀대로 최대한 얇게 밉니다.
4. 후라이팬을 달구고 반죽을 얹어 굽습니다. 이때 포오크를 사용하여 무교병 전체에 자국을 송송 냅니다.

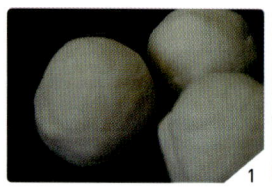
1

2

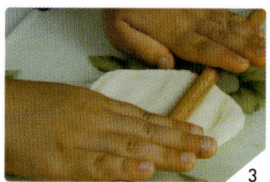
3

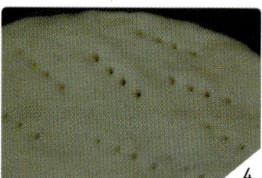
4

Genesis 35-1

세족식

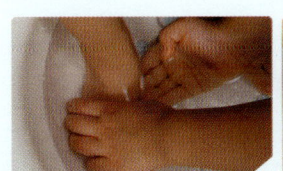
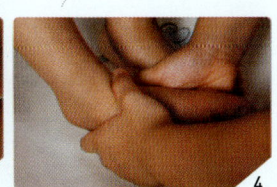

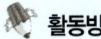 준비물 : 세숫대야, 물, 수건, 비누, 로션

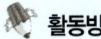 활동방법 :

1. 세숫대야에 물을 담습니다.
2. 아빠의 발을 담그고 엄마와 어린이가 닦습니다.
3. 수건으로 물기를 닦고, 로션을 바릅니다.
4. 같은 방법으로 엄마의 발, 어린이의 발도 가족이 함께 닦습니다.
5. 발을 닦으면서 가족 구성원 한 사람 한 사람에 대한 감사함을 축복의 말로 표현합니다.

Genesis 35-2

너는 특별한 사람이란다

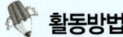 준비물 : 종이, 연필

 활동방법 :

1. 하나님이 만드신 나는 어떤 사람이지 이야기 나눕니다.
2. 나의 좋은 점은 무엇인지 생각합니다.
3. 종이에 나의 좋은 점을 적습니다.
4. 가족들 앞에서 나의 좋은 점을 이야기합니다.

하나님께서 나를 최고의 걸작품으로 만드셨습니다. 나는 세상에서 가장 소중한 사람인 것을 알고, 나의 소중한 모습을 가족을 통해서 알게 하셨습니다. 하나님의 말씀 안에 살아가는 가정을 통해 이웃을 돌보고 다른 사람들을 배려할 수 있는 방법은 무엇이 있는지 이야기 나눕니다.

우리 가족의 가장 멋진 점 이야기하기

아빠는
아빠는 엄마의 이야기를 잘 들어주지요.
아빠는 웃겨요.
아빠는 율미와 산책을 자주 해요.
소미는 아빠가 제일 좋아요.

엄마는
엄마는 최고의 요리사예요.
엄마는 동화 이야기를 재미있게 하세요.
엄마는 예뻐요.

혜미는
혜미는 끝까지 최선을 다해요.
혜미는 피아노를 잘 쳐요.
혜미는 청소를 잘 해요.
혜미는 동생들을 잘 돌봐줘요.
혜미는 글씨를 잘 써요.

율미는
율미는 노래를 잘 지어요.
율미는 그림을 잘 그려요.
율미는 엉덩이 춤을 잘 춰요.
율미는 시인이에요.

소미는
소미는 노래를 잘 불러요.
소미는 짜증내지 않아요.
소미는 혼자서 화장실에 가요.
소미는 잘 웃어요.
소미는 가위질을 잘 해요.

함께 읽으면 좋은 책
제목 너는 특별하단다
지은이 맥스 루케이도
그림 세르지오 마르티네즈
출판사 고슴도치

모심기

| 이삭이 그 땅에서 농사하여 그 해에 백 배나 얻었고 여호와께서 복을 주시므로 그 사람이 창대하고 왕성하여 마침내 거부가 되어_ 창세기 26:12-13

찰흙, 모형판(화원에서 구입한 플라스틱 모종판), 작은 동물 모형, 물 담긴 병

 **활동방법** :

1. 어린이와 함께 직접 모내기를 체험합니다.
2. 우리가 먹는 쌀은 어떤 방법으로 심어지고 어떻게 자라는지 관찰합니다.
3. 옛날 이삭은 어떤 방법으로 농사를 지었을지 이야기 나눕니다.
4. 하나님의 사람 이삭에게 축복하시는 하나님에 대해서 이야기 나눕니다.

장소: 매해 5월 양재천 벼농사 학습장에 모내기 체험 행사가 있습니다. 우렁이와 오리를 방사하는 유기농법으로 모심기를 하는 행사입니다.

어린이 생태학교

생태탐사를 원할 경우 언제든 신청하고 관찰에 참여할 수 있습니다. 소그룹 인원이 10명 정도 되면 가능하다고 합니다. 상세한 문의는 강남구청 치수과(T:445-1416)로 해주세요.

Genesis 37

요셉 만들기

| 요셉은 노년에 얻은 아들이므로 이스라엘이 여러 아들보다 그를 깊이 사랑하여 위하여 채색옷을 지었더니_ 창세기 37:3

준비물

A4용지, 가위, 사인펜

 활동방법 :

1. A4용지를 길게 반으로 접습니다.
2. 반으로 접은 A4용지에 요셉의 세로 반신만 그립니다.
3. 그린 그림의 테두리를 따라 가위로 자릅니다.
4. 접힌 A4용지를 펼치면 요셉의 반신 그림과 아무 그림도 없는 반신의 모양이 나타납니다.
5. 화려하게 입은 요셉을 상상하며 나머지 반신을 꾸밉니다.

1 2

Tip Tip 함께 읽으면 좋은책
제목 비전 그림 성경
지은이 안네 드 그라프 外
그림 호세 페레스 몬테로 外
출판사 생명의말씀사

작은 씨앗네 이야기 *Genesis 37-1*

요셉의 형제들 만들기

 준비물 : A4용지, 가위, 사인펜

 활동방법 :

1. A4용지를 지그재그로 여러 번 접습니다.
2. 접힌 한 면에 사람의 모양을 그립니다. 팔이나 바지 등이 이어질 수 있도록 한쪽 끝부분은 연결하여 놓습니다.
3. 가위로 그림을 오립니다.
4. 그림을 펼치면 여러 개의 인형이 나옵니다.
5. 요셉의 형제들을 꾸밉니다.

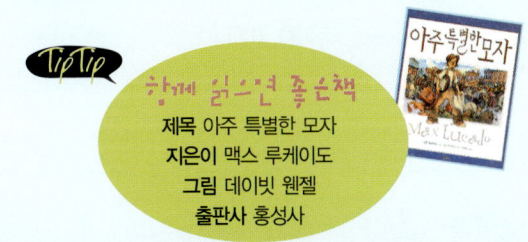

Tip Tip
함께 읽으면 좋은책
제목 아주 특별한 모자
지은이 맥스 루케이도
그림 데이빗 웬젤
출판사 홍성사

작은 씨앗네 이야기 *Genesis 37-2*

막대 인형극 하기

 준비물 : 요셉처럼 반으로 접어 만든 인형들, 코팅기 또는 투명 칼라시트지, 나무 젓가락, 스카치테이프

 활동방법 :

1. 위에서 만든 요셉처럼 여러 인물의 인형을 만듭니다.
2. 이 인형들을 코팅합니다.
3. 코팅한 뒷면에 나무 젓가락을 대고 스카치테이프로 붙입니다.
4. 어린이와 함께 요셉의 이야기 인형극을 합니다.

Genesis 37-3

눈 결정체 만들기

 준비물 : A4용지, 가위

 활동방법 :

1. 종이를 접습니다.
2. 접은 종이를 여러 가지 모양으로 오립니다.
3. 오린 종이를 펼칩니다.

　　같은 방법으로 크리스마스 트리도 만들 수 있습니다.

Genesis 37-4

크리스마스 트리 만들기

 준비물 : 색상지, 가위, 찍찍이, 코팅기 또는 투명 칼라시트지

 활동방법 :

1. 곰돌이, 토끼, 기린 트리를 만듭니다.
2. 곰돌이 트리에 붙일 초와 장신구도 만듭니다.
3. 세 그루의 트리와 초와 장신구들을 코팅합니다.
4. 코팅한 트리와 초 뒷면에 찍찍이를 붙입니다.
5. 곰돌이 트리에 초와 장신구들을 모두 붙입니다.
6. 이야기 중 곰돌이가 친구들에게 초를 나누어 주는 장면이 나오면 곰돌이의 초를 떼어 기린과 토끼의 크리스마스 트리에 붙입니다.

숲 속 마을의 크리스마스 트리

크리스마스 트리를 만들면서 아이들이 직접 만든 이야기 입니다.

카카라카 숲 속 마을에 동물 친구들은 걱정거리가 생겼어요. 밤만 되면 어두운 길을 걸어다니기가 무척 힘이 들었기 때문이지요. 다람쥐가 옆 집 개구리네 놀러 가다가 돌부리에 걸려 꽈당, 기린이 부엉이네 집으로 엄마 심부름을 가다가 둥지에 걸려 꽈당~ 토끼가 물 마시러 가다 나뭇가지에 걸려 꽈당! 꽈당! 꽈당! 꽈당!

하지만 곰돌이네 집은 걱정이 없었어요. 곰돌이네 집에는 반짝반짝 환한 빛을 내는 크리스마스 트리가 있었기 때문이에요. 그 크리스마스트리는 곰돌이 할아버지께서 곰돌이를 위해 만들어 주신 선물이었답니다. 작은 초들이 트리에 매달려 별처럼 빛나고 있었거든요.

동물 친구들은 곰돌이에게 도움을 청하기 위해 달려갔습니다. "곰돌아, 너의 그 반짝반짝 빛나는 초를 우리에게도 나누어 줄 수 있겠니?" 동물 친구들이 곰돌이에게 부탁을 하자 곰돌이는 입을 쭉 내밀고 "싫어!" 하며 문을 쾅 닫고는 집 안으로 들어가 버렸습니다.

며칠 후 크리스마스가 다가왔습니다. 친구들은 깜깜한 크리스마스를 보내기 위해 하마네 집에 모두 모였습니다. 모두들 작은 선물을 하나씩 준비해 왔습니다. 다람쥐는 도토리를, 개구리는 파리 다섯 마리를, 기린은 나무 열매 열 개를, 토끼는 당근 일곱 개를 가지고 와서 함께 나누어 먹으며 도란도란 재미난 이야기를 나누고 있었습니다.

한 편 멋진 크리스마스가 될 거라고 생각했던 곰돌이에게는 너무 심심하고 따분한 크리스마스의 밤이었습니다.

아무도 없는 방 안에 혼자 앉아 반짝반짝 빛나는 크리스마스 트리만 쳐다보고 있었거든요. 곰돌이는 친구들과 놀고 싶었습니다. 며칠 전 친구들 앞에서 욕심을 부린 행동이 조금 부끄럽긴 했지만 용기를 내어 친구들을 찾아가기로 했습니다. 곰돌이가 가장 아끼고 소중하게 생각하는 크리스마스 트리를 들고서요.

낑낑 거리며 크리스마스 트리를 들고 하마네 집에 달려가서 문을 두드렸습니다. 쾅쾅쾅! "얘들아! 나 곰돌이야. 너희들을 위해서 선물을 준비해 왔어." 곰돌이의 목소리를 들은 친구들은 깜짝 놀라 모두 문 밖으로 뛰어 나왔습니다. 정말 그곳에는 반짝반짝 환하게 빛나는 크리스마스 트리와 곰돌이가 서 있었습니다.

곰돌이는 아주 작은 소리로 "내가 왔어. 너희들을 위해 선물을 주고 싶어. 이 양초 하나씩 가져."라고 말했습니다. 양초를 하나씩 받아 들은 숲 속 친구들은 깜짝 놀랐습니다. 양초를 나누면 나눌 수록 불빛이 더욱 빛나고 환해졌기 때문이에요.

점점 카카라카 숲 속 마을은 환한 빛으로 밝아지기 시작했어요. 이젠 더 이상 숲 속의 밤이 어둡지 않았답니다. 모두들 기뻐하며 곰돌이에게 뽀뽀로 고마움을 표현했답니다. 친구들과 즐겁게 지낼 수 있게 된 곰돌이도 행복했답니다.

Genesis 38

키친타월을 이용한 **요셉 꾸미기**

| 요셉은 노년에 얻은 아들이므로 이스라엘이 여러 아들보다 그를 깊이 사랑하여 위하여 채색옷을 지었더니_ 창세기 37:3

준비물

키친타월, 스포이드, 물감, 물통

 활동방법 :

1. 여러 가지 색깔의 물감을 각각의 물통에 풉니다.
2. 키친타월을 원하는 길이만큼 뜯습니다.
3. 스포이드로 물감을 빨아드려 키친타월에 떨어뜨립니다.
4. 다른 색깔의 물감들도 떨어뜨립니다.
5. 물감의 번지는 과정을 살핍니다.
6. 여러 색깔의 키친타월을 만든 후 말립니다.

〈키친타월 염색하기〉

키친타월을 이용해서 요셉 꾸미기

 준비물 : 염색이 된 키친타월, 풀, 가위, 종이, 크레용

 활동방법 :
1. 염색이 된 키친타월을 요셉의 옷 모양으로 오립니다.
2. 오린 키친타월을 종이에 붙입니다.
3. 종이에 붙인 염색 키친타월을 중심으로 요셉을 그립니다.

3-1

3-2

소도구를 이용하여 요셉 꾸미기

 준비물 : 염색이 된 키친타월, 풀, 가위, 종이, 요셉을 꾸밀 수 있는 소도구(빨래집게, 털실 등)

 활동방법 :
1. 염색 키친타월로 된 옷을 입은 요셉의 머리나, 옷 등을 빨래 집게나, 털실, 리본테이프 등으로 화려하게 꾸밉니다.

1-1

1-2

Genesis 39

재미있는 물감놀이

| 요셉은 노년에 얻은 아들이므로 이스라엘이 여러 아들보다 그를 깊이 사랑하여 위하여 채색옷을 지었더니_ 창세기 37:3

준비물

종이, 물감, 실, 물감통, 붓

활동방법:

1. 기다란 실을 물감통에 넣고 물감을 묻힙니다.
2. 물감이 묻은 실을 종이 위에 얹습니다. 이때 실의 끝 부분은 종이 밖으로 나오도록 합니다.
3. 물감이 묻은 실이 안쪽에 들어가도록 종이를 반으로 접습니다.
4. 접은 종이를 꼭꼭 누릅니다.
5. 한 손으론 접힌 종이를 누르고, 다른 한 손으론 종이 밖으로 나온 실의 끝 부분을 잡아당깁니다.
6. 접은 종이를 폅니다.
7. 실이 지나간 자리에 모양이 남아 있습니다.

〈실그림〉

2

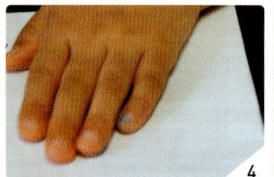
4

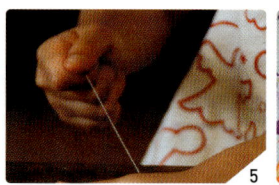
5

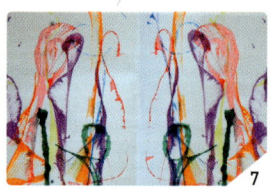
7

우리의 작품들 감상해요!

Genesis 39-1

빨대 그림

 준비물 : 빨대, 종이, 물감통, 스포이드

 활동방법 :
1. 스포이드로 물감을 빨아들여 종이에 떨어뜨립니다.
2. 종이에 떨어진 물감 가까이 빨대를 갖다 댑니다.
3. 빨대로 후~ 하고 힘차게 붑니다.
4. 입김의 방향에 따라 물감이 움직이며 앞으로 나갑니다.

우리의 작품을 감상해요!

2

3

4

Genesis 39-2

칫솔그림

2

2-1

 준비물 : 종이, 칫솔, 물감통

 활동방법 :
1. 물감통에 칫솔을 담급니다.
2. 칫솔을 붓 대신 사용하여 종이에 그림을 그립니다.

작은 씨앗네 이야기 ••• 101

Genesis 39-3

천 염색하기

 준비물 : 흰색 천, 물감, 붓, 물통

활동방법 :

1 원하는 물감을 골라 물통에 물과 함께 풉니다.
2 흰색 천을 한쪽 부분만 물감에 담급니다.
3 염색이 된 천을 꺼냅니다.
4 다른 한 쪽 부분의 천도 물감에 담급니다.
   → 이때 처음 물들었던 부분에 새로운 물감이 스며들면서 두 가지의 색이 번지는 것을 관찰할 수 있습니다.
5 건져 낸 천을 말립니다.

Genesis 39-4

데칼코마니

 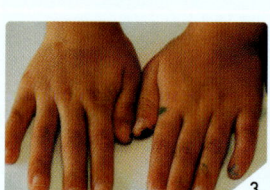 

 준비물 : 물감, 종이

 활동방법 :

1 종이에 여러 색의 물감을 짭니다.
2 종이를 반으로 접습니다.
3 반으로 접은 종이를 꼭꼭 누릅니다.
4 종이를 폅니다.
5 어떤 모양이 나타났는지 이야기 나눕니다.

사인펜으로 번지게 그리기

준비물 : 사인펜, 종이, 물, 붓

활동방법 :

1. 사인펜으로 종이에 그림을 그립니다.
2. 붓에 물을 묻혀 종이 위를 덧칠합니다.
3. 사인펜 그림에 물이 닿으면 그림이 번집니다.
4. 사인펜 그림이 번지면서 새롭게 변하는 모습을 관찰합니다.

생수병 물감통 만들기

준비물 : 생수병, 붓, 물감, 종이, 물

활동방법 :

1. 작은 생수병에 포스터 칼라를 한 통 부은 후 물과 섞어 요줍니다.
2. 농도를 짙게 하고 싶으면 물을 적게 넣고, 농도를 흐리게 하고 싶으면 물을 많이 넣습니다.
3. 붓은 각 각의 물감통에 하나씩 사용할 수 있도록 통 안에 꽂아줍니다.
4. 어린이들은 그림을 그릴 때 원하는 물감통을 하나씩 들고 붓을 뽑아가며 사용합니다.

작은 이희 상상 님 이상은

작은씨앗이란 이름으로 블로그에 조그마한 둥지를 틀고, 참새처럼 올망졸망한 혜미, 율미, 소미와 함께 매일 매일 새로운 일상을 만들어가는 이 가정. 아이들은 신비로운 하루하루를, 엄마, 아빠는 감사로 채워가는 작은씨앗네를 만났습니다.

아이들의 눈높이로 어른이 써 내려간 좋은 동화들도 많지만 일상의 작은 소재들이 동화의 주제가 되어 엄마와 함께 아이들이 만들어 나가는 '씨앗동화'의 모습이 적잖이 인상적이었습니다.

엄마가 운을 띄워 하나의 가지를 뻗어 주면 일곱 살, 여섯 살, 네 살 바기 아이들이 서로 다른 감성과 관찰력, 상상력을 총 동원해 풍성한 내용으로 씨앗동화를 만들어 나가는데 얼마나 참신하고 창의력이 돋보이는지요.

그러자면 동화의 작가는 물론이고 주인공이며 모든 부분에 아이들의 참여가 있어야 할 것인데 그것을 가능케 하는 힘은 나름의 규칙을 가지고 자유로운 시간활용을 할 수 있는 홈스쿨링이 아니었나 싶습니다.

충분한 책 읽기가 바탕이 되어야 할 것이고, 같은 장소이지만 갈 때마다 달라지는 산책길을 자연스럽게 관찰하며 익히는 것들, 요리는 엄마의 몫이 아닌 함께 즐길 수 있는 것, 몇 장이고 그리고 싶을 만큼 충분히 그릴 수 있는 미술시간들이 어우러져 씨앗동화가 완성되고 있구나 싶었습니다.

자연스럽게 익히며 활동했던 모든 일상의 시간들이 아이들에게는 즐기며 누릴 수 있는 신비로움이었겠지요. 고마운 것은 그들만의 잔치로 끝나는 것이 아니라 작은 걸음으로 시작된 일상의 신비와 감사함이 조금씩 커지며 퍼져 저를 포함한 많은 이들에게 깨달음을 주었다는 것입니다. 이 공감과 깨달음이 바로 「우리집은 행복한 학교」를 출간할 수 있는 밑거름이 아니었나 싶습니다.

작은 것들을 소중하게 생각하고 그것을 기쁨으로 누리며 살아가는 작은씨앗 님과 세 꼬마아가씨들이 저의 좋은 이웃이 되어 주어 감사의 한 제목으로 자리잡습니다.

작은 이웃 2 다이안느 님 이 남 희

여섯 살, 세 살짜리 아들 둘을 데리고 "육아는 힘든 일이다."는 말을 날마다 되뇌며 사는 평범한 엄마입니다. 퇴근하고 돌아오는 남편에게 애들 키우는 건 정말 힘들고 괴로운 일이다며 불평도 참 많이 했었는데… 우연찮은 기회에 작은씨앗 님의 가정을 보게 되었답니다. 처음엔 단순히 '아… 예쁜 아이들이구나. 집도 예쁘게 꾸미시는 구나.' 그렇게 지나가듯 보게 되었지만 그것만이 전부는 아닌 듯 보였습니다.

작은씨앗 님의 블로그를 보면서 솔직히 충격을 받았습니다. 늘 제가 입버릇처럼 이야기하는 힘들다는 애들도 세 명이나 되고 어떻게 보면 조금 편할 수 있는 어린이집이나 유치원도 보내지 않으면서도 재미있고 신나고 무엇보다 아이들을 위한 육아와 교육을 할 수 있다는 것에 내심 놀라기도 하고 부럽기도 했습니다.

그래서 저도 작은씨앗 님의 교육신념과 교육방법에 자극을 받아 미약하나마 블로그도 만들어보고 거기에 내 아이들과 재미난 이야기 신나는 이야기를 조금씩 시도하고 있습니다.

많이 놀아 주지 않고 잔소리만 하던 엄마가 이것저것 같이 놀면서 만들기도 하고 요리도 해 보고 나들이도 하니 무엇보다 아이들이 얼마나 좋아하는지, 늘 "엄마 짱! 엄마 짱!"을 외치고 다닙니다.

하루는 작은씨앗 님의 아이들이 물감이며 크레용이며 여러 가지 미술도구로 자신의 생각을 하얀 종이에 아니면 하얀 천에 마구 쏟아내는 것을 보았습니다.

우리 아이들이 늘 물감놀이를 하고 싶다고 했지만 정작 뒤처리가 힘이 들어 차일피일 미룬 것이 1년이 지나고 2년이 지나고 보니 아이들은 '물감'을 달라고도 하지 않더군요. 그래서 얼마 전 시도한 '물감가지고 놀기'에 두 녀석은 너무너무 흥분을 했었습니다.

우리 아이들의 머릿속에는 도대체 어떤 생각들이 있을까 궁금했었는데 엄마와의 대화에서는 이야기하지 않던 내면의 이야기들을 그림을 그리며 물감을 손과 발에 찍어가며 막 쏟아내는 것을 보고 엄마인 저는 엄청난 감동을 또 받고 그동안 아이들에게 소홀했던 것에 미안한 마음뿐이었습니다.

"남자 아이 둘이라 너무 힘들어요." 이런 말들을 의식적 무의식적으로 하고 다녔었지요. 하지만 정작 이 '말썽꾸러기들'이 없다면 그 삶은 나의 삶이 아니겠지요.

"이 아이들이 있어 얼마나 행복한지 몰라요."라고 했던 작은씨앗 님의 말씀이 아직까지 저의 가슴에 남아 있습니다.

이 아이들이 있어 얼마나 행복한지…. 그걸 새삼스레 깨우쳐 주신 작은씨앗 님 감사합니다.

작은 씨앗 당근 님 조은지

제가 작은씨앗 님을 알게 된 건 네이버의 오픈카페였어요. 사진의 색감도 예쁘게 편집해서 아기자기하게 올리셨더라고요. 그때 전 두 아이의 엄마였어요. 사진과 함께 올리신 작은씨앗 님 글에 제가 평소에 관심이 많던… 관심(?)만 많던… 홈.스.쿨.링.이란 글에 눈이 번쩍 뜨였어요.

그래서 블로그에 놀러갔어요. 저도 사교육보다는 엄마의 정성과 사랑이 들어간 홈스쿨링 하는 게 꿈이었거든요. 사실 아직도 저에게는 꿈이에요.

꾸준히 실천하기 어려운데 다양한 활동을 하시는 작은씨앗 님. 정말 존경스러워요. 어쩜 세 아이다 그리 해맑은지… 어쩜 세 아이를 그리 똑소리나게 가르치시고 함께하시고… 너무너무 부러웠어요. 또, 하나님 말씀 안에서 양육하시는 하나님의 사람이라는 게 더없이 기뻤어요.

저도 모태신앙이기에… 엄마에게 귀에 못이 박히도록 들은 이야기기에… 어렸을 때부터 신앙교육의 중요성은 알기는 했지만 실천하기가 쉽지 않잖아요.

그리고 우연히 알게 되었어요.

체계적인 과학, 요리, 수학 수업, 동화만들기, 연극, 물감놀이, 만들기…

또 자연, 동물과 만난 후 연계학습…

아이를 어떻게 키워야 하나 고민하던 차에 작은씨앗 님의 블로그를 만나서 많은 것을 배우고… 부러워하며 나름대로 활동도 따라해 봅니다. 아이들도 이런 변화를 즐거워합니다.

작은씨앗 님과의 인연을 소중히 생각하며 만남을 허락하신 하나님께 감사드려요. 아이를 양육하는 일에 부모 스스로 더 책임감과 자신감을 가지고 하나님 말씀 안에서 자란다면 분명 어지러운 이 세상에 한 줄기 빛이 될 거라 생각이 들어요.

작은씨앗 엄마손 님 이수희

작은 씨앗, 은경 언니네를 보면 항상 따뜻한 안정감이 느껴진다. 아이들과의 일상과 함께 하는 모든 작업들, 그리고 무엇보다도 세 아이들의 모습 속에서 엄마인 은경 언니의 세심한 사랑과 아이들에 대한 깊은 통찰력을 엿볼 수 있기 때문이다.

블로그에서 보여지는 모습뿐만 아니라 실제 생활 속에서 볼 수 있는 세 아이들의 모습은 '정말 바르게 큰다.'라는 말로 표현할 수 있다. 예의바르고 창의적이며, 작은 것에도 기쁨을 누릴 줄 아는 아이들…

솔직히 앞의 미덕들은 요즘의 아이들에게서 찾아보기 어렵게 된 것이 사실이다.

누구든지 자신의 자녀가 더 뛰어나고 앞서가길 원하지만 방향을 잃어버린 잘못된 욕심과 그런 욕심들을 이용하려는 그릇된 교육환경이 맞물려 아파하는 아이들이 많이 생겨나고 있다.

수동적으로 끌려가는 아이들이 안타깝긴 하지만 그 돌파구를 찾지 못해 어쩔 수 없다 말하고 있다면 이 책을 통해 교육에 대한 새로운 개념을 세워 보길 바란다.

블로그를 통해 아이들과의 작업들을 보면서 하나님이 은경 언니에게 정말 특별한 달란트를 주셨구나 하는 생각을 자주 한다. 언니는 아이들의 발달 과정에 대한 깊은 이해와 한 아이 한 아이, 누구보다 더 잘 알고 있는 엄마로서의 사랑으로 세 아이들을 정말 특별하게 키우고 있다.

특히 기독교인으로서 성경에 기초를 단단히 둔 작업들을 엮은 이 책은 정말 감사한 선물이 아닐 수 없다. 아이들에게 성경을 가르치고 싶지만 그 시작과 실천이 어렵고 막막한 것이 사실이기 때문이다.

해야 할 것이 너무나 많은 우리 아이들에게 가장 중요한 것이 무엇인지 그 푯대를 확실히 알게 해주고 더불어 연계되는 많은 활동으로 아이들의 창의적 욕구와 필요를 채워 줄 수 있는 귀한 책이라고 생각한다. 성경말씀을 배우고 그에 관련된 다양한 활동들을 직접 체험하면서 아이들에게 성경이 더 이상 먼 옛날이야기로만 머물지 않고 살아 움직이는 현실로 받아들여질 것이다. 또한 활동들을 하나하나 아이들과 따라해 보면서 우리 엄마들에겐 나도 우리 아이들에게 가장 좋은 선생님이 될 수 있다는 자신감을 줄 것이다.

하루하루의 귀한 체험들이 이렇게 귀한 열매로 맺혀 많은 엄마들과 아이들이 함께 누릴 수 있게 되어 은경 언니께 정말 감사하고 이 책을 통해 하나님의 선하시고 깊은 뜻이 이루어지기를 기도한다.

작은 이솝 프리지아 님 차예선

인간의 역사 이래 시작된 교육은 그 오랜 세월에도 불구하고 아직까지도 갈피를 잡지 못한 채 시행착오를 겪는 최고의 미로가 되었다. 과연 어떤 교육이 최고의 선택일까를 생각하며 세계의 여러 학자들과 교육자들이 다각적 측면의 교육방법을 연구하고 제시하였지만 지금도 시행착오를 겪는 것으로 보아 결국 교육에 왕도란 따로 없는 것 같다. 그러나 한 가지 확신할 수 있는 것은 결국 아이에게 최고의 스승은 부모라는 사실이다.

여기 주관 있는 젊은 부모가 있다. 그들은 하나님께서 선물하신 사랑스런 세 딸을 양육함에 있어 남들의 눈으로 보면 무모하다 싶으리만큼 용기 있는 결정으로 사교육문화가 범람하는 대한민국에서 '홈스쿨링'이라는 자신들만의 교육을 택했다. 그들의 방법은 어찌 보면 성경 속에 나오는 다윗과 골리앗의 싸움일지 모른다.

거대한 골리앗에 맞서는 작은 다윗.
그러나 결국 다윗은 골리앗을 물리쳐 이겨낸다.
그 승리의 비법은 바로 용기와 관철이다.
나는 이 이야기를 통해 혜미 율미 소미 부모님에게 힘을 불어넣어 주고 싶다.
세상이라는 큰 바다에 조각배처럼 던져졌음에도 이리저리 흔들리지 않은 채 자신들의 등대를 향해 멋지게 안착할 수 있다는 용기와 신념!
그 큰 항해에서 절대 불안해 하지 말고 흔들리지 않음으로 모든 이들에게 자신들의 용기 있는 선택이 진실로 옳았다는 것을 멋지게 보여 주기 바란다.

아이가 엄마 안에 있었을 때,
그리고 태어나 처음으로 당신의 눈을 바라보았을 때,
당신은 무엇을 기도했는가?
우리는 하나같이 그저 건강하고 밝고 아름답게 자라주기만을 간절히 바랬었다.
그깟 등수 하나 낮으면 어떻고 점수하나 덜 받으면 어떠한가.
그 편협한 밧줄로 아이들을 묶어두지 말자.
아이들은 우리의 속물이 아닌 하나님의 선물이기 때문이다
그렇기에 우리는 그 초심을 마음 판에 새겨 끊임없이 기억해야 한다.

누군가가 말했다.
최고의 부모는 아이를 향한 자신의 욕심주머니를 매일매일 비워내야 한다고…
우리 모두 매일같이 자식을 향한 욕심주머니를 비워내자.

그래서 아이들의 마음과 몸을 가볍게 해주어 그들이 세상이라는 큰 하늘을 향해 마음껏 날 수 있도록 해주자. 최고의 교육자는 앞에서 선택해 주며 끌어가는 자가 아닌 그들의 선택에 진실로 조언해 주는 응원자이기 때문이다.

하나님의 귀한 씨앗 혜미, 율미, 소미가
하나님 안에서 늘 건강하고 지혜롭고 밝고 맑게 자라기를
손과 맘을 모아 간절히 기도한다.

사명선언문

너희가 흠이 없고 순전하여……세상에서 그들 가운데 빛들로
나타내며 생명의 말씀을 밝혀 _ 빌 2:15-16

1. 생명을 담겠습니다
만드는 책에 주님 주신 생명을 담겠습니다.
그 책으로 복음을 선포하겠습니다.

2. 말씀을 밝히겠습니다
생명의 근본은 말씀입니다.
말씀을 밝혀 성도와 교회의 성장을 돕겠습니다.

3. 빛이 되겠습니다
시대와 영혼의 어두움을 밝혀 주님 앞으로 이끄는
빛이 되는 책을 만들겠습니다.

4. 순전히 행하겠습니다
책을 만들고 전하는 일과 경영하는 일에 부끄러움이 없는
정직함으로 행하겠습니다.

5. 끝까지 전파하겠습니다
모든 사람에게, 땅 끝까지, 주님 오시는 그날까지
복음을 전하는 사명을 다하겠습니다.

서점 안내

광화문점 서울시 종로구 새문안로 69 구세군회관 1층
02)737-2288(T) 02)737-4623(F)

강남점 서울시 서초구 신반포로 177 반포쇼핑타운 3동 2층
02)595-1211(T) 02)595-3549(F)

구로점 서울시 구로구 시흥대로 577 3층
02)858-8744(T) 02)838-0653(F)

노원점 서울시 노원구 동일로 1366 삼봉빌딩 지하 1층
02)938-7979(T) 02)3391-6169(F)

분당점 경기도 성남시 분당구 황새울로 315 대현빌딩 3층
031)707-5566(T) 031)707-4999(F)

신촌점 서울시 마포구 서강로 144 동인빌딩 8층
02)702-1411(T) 02)702-1131(F)

일산점 경기도 고양시 일산서구 중앙로 1391 레이크타운 지하 1층
031)916-8787(T) 031)916-8788(F)

의정부점 경기도 의정부시 청사로47번길 12 성산타워 3층
031)845-0600(T) 031)852-6930(F)

인터넷서점 www.lifebook.co.kr